Thomas Schirmer / Andreas Hein

Mac für Späteinsteiger

Mit 183 Abbildungen

FRANZIS

Bibliografische Information der Deutschen Bibliothek

Die Deutsche Bibliothek verzeichnet diese Publikation in der Deutschen Nationalbibliografie; detaillierte Daten sind im Internet über http://dnb.ddb.de abrufbar.

Lektorat: Markus Bauer
Satz: DTP-Satz A. Kugge, München
art & design: www.ideehoch2.de
Druck: Bercker, 47623 Kevelaer
Printed in Germany

ISBN 978-3-645-**60016-3**

Inhaltsverzeichnis

Kapitel 1

Mac: Mehr als nur ein Computer

Apple Macintosh-Rechner, liebevoll „Mac“ genannt, werden immer populärer. Das schicke Apple-Design, die Zuverlässigkeit und die einfache Bedienung haben eine gewisse Anziehungskraft. Da Sie einen Mac erworben haben – oder zumindest ernsthaft mit dem Gedanken spielen, dies zu tun –, wissen Sie wahrscheinlich bereits, was damit gemeint ist. Was Sie vielleicht noch nicht wissen, ist, dass ein Mac wesentlich mehr als nur ein Computer ist. Als Mac-Anwender sind Sie Teil der Mac-Gemeinschaft, ein „Mac-User“ oder „Macianer“, dessen Computer Teil seiner Identität ist. Das glauben Sie nicht? Warten Sie`s ab!

1.1 Mac vs. PC

Ein Mac ist nicht einfach nur ein technisches Gebrauchsgerät, ein Mac ist eine Geisteshaltung, eine Philosophie: Ein Mac ist trendy und schick. Außerdem ist er unkompliziert, zuverlässig und nicht von Viren geplagt. Ein Mac ist ein Kosmopolit und spricht alle Sprachen. Ein Mac ist witzig, lässig und unrasiert. Und er ist schlank und wendig. Ein Mac ist … einfach toll!

Ein Windows-PC hingegen ist so ziemlich das genaue Gegenteil: Ein PC ist bieder, korrekt, aber nachlässig gekleidet, nicht hässlich, aber ein wenig schmierig. Ein PC ist hochkompliziert, funktioniert nie fehlerfrei und hat stets mit ernsten Vireninfektionen zu kämpfen. Er spricht nur seine eigene Sprache und kann andere nicht verstehen. Ein PC ist anstrengend, steif, aber immer gut rasiert. Auch ist er ein wenig übergewichtig und schwerfällig. Ein PC ist … einfach langweilig!

So sehen die typischen Eigenschaften von Mac und PC aus, die in den äußerst gelungenen Apple-Werbespots „Mac vs. PC“ geschickt dargestellt werden. Was dort zu sehen ist, entspricht den gängigen Klischees und macht die Werbebotschaft dadurch umso wirksamer.

Abb. 1.1 So stellen sich PC (links) und Mac (rechts) in den Augen der Apple-Werbung dar.

„Mac vs. PC" auf YouTube

Wenn Sie sich mit Ihrem Mac soweit vertraut gemacht haben, dass Sie im Internet surfen können (wie das funktioniert, zeigen wir Ihnen im Kapitel „Mac-online"), finden Sie Zusammenstellungen und einzelne Mac-vs.-PC-Werbespots auf YouTube (www.youtube.de), dem größten Videoportal des Internets. Geben Sie auf der Startseite von YouTube „Mac vs PC" in das Suchfeld ein und drücken die Eingabetaste, erscheint eine lange Auswahlliste mit Videos. Ganz oben z. B. die Videosammlung „Mac vs. PC alle Videos deutsch" – eine Zusammenfassung aller 15 Apple-Werbespots mit deutscher Synchronisation. Interessant und höchst vergnüglich sind auch die Videoantworten, die die gängigen Vorurteile aus PC vs. Mac-Sicht darstellen.

Und tatsächlich sind einige der Vorurteile und Klischees, die in den Werbespots thematisiert werden, nicht ganz von der Hand zu weisen.

So war und ist ein Mac immer noch Arbeitswerkzeug der meisten Kreativen wie etwa Grafiker, Layouter und Designer. Das hat ganz einfache historische Gründe. Seit Beginn der Computerisierung arbeiteten nämlich so gut wie alle Grafiker, (Web-)Designer, Layouter und Fotografen mit Macintosh-Computern. Ganz einfach deshalb, weil PCs erst mit Windows eine grafische Benutzeroberfläche verpasst bekamen und erst dadurch richtig mit Bildern und Grafiken umgehen konnten. Ein Mac war im Bereich der Bildverarbeitung und -bearbeitung dem PC sozusagen um elektronische Lichtjahre voraus. Die ersten Grafik-, Bildbearbeitungs- und Layoutprogramme wurden daher zuerst für den Mac entwickelt. Kreative hatten gar keine Wahl, sie mussten mit einem Mac arbeiten.

PCs haben nur langsam aufgeholt

Es dauerte tatsächlich Jahre, bis die führenden Grafik- und Layoutprogramme (wie etwa Photoshop, PageMaker oder QuarkXPress) in ähnlicher Qualität und Geschwindigkeit auch für Windows-PCs erhältlich waren. Und es ist noch gar nicht so lange her, dass eine tatsächliche Kompatibilität zwischen den Mac- und Windows-Welten erreicht wurde und ein Dokument, das unter Windows erstellt war, verlustfrei auf einem Mac weiterverarbeitet werden konnte und umgekehrt.

Obwohl einige Windows-PCs Macs bei der Verarbeitungsgeschwindigkeit und beim Preis-Leistungs-Verhältnis mittlerweile durchaus überlegen sind, arbeiten die meisten Kreativen aus traditionellen Gründen mit einem Mac – und natürlich, weil er besser aussieht! Da die Kreativen – und nicht nur sie – gutes Design schätzen, hat Apple bei seinen Geräten immer sehr großen Wert auf die Gestaltung gelegt.

1.2 Mehr als nur Design

Jeder Mac ist auch ein Designobjekt und deshalb nicht langweilig, sondern ästhetisch attraktiv. Dieser Tatsache kann sich niemand entziehen, der ein Apple-Gerät sieht und/oder in der Hand hält.

Egal, ob iPod, iPod Touch, iPhone, MacBook Pro oder iMac – Apple hat es geschafft, all seinen Produkten ein durchgängiges Design zu verpassen, das einerseits minimalistisch funktional, andererseits aber hochwertig und hochmodern daherkommt.

Apple-Produktfamilien

Einen detaillierten Überblick über die unterschiedlichen Produktlinien und Geräte von Apple geben wir Ihnen in Kapitel 2.

Abb. 1.2 Alles drin, alles dran – das Design eines iMac ist minimalistisch attraktiv und Apple-typisch. (Foto: Apple)

Auf die Spitze getrieben hat Apple die schlanke Designlinie mit dem MacBook Air. Dabei handelt es sich um ein extrem flaches und extrem leichtes Notebook, das sogar in einen handelsüblichen Großbriefumschlag passt. Und das, obwohl es mit einem 13,3-Zoll-Breitformatbildschirm und einer normal großen Tastatur ausgestattet ist. Was allerdings fehlt, ist ein internes Laufwerk. Das MacBook Air kommuniziert mit anderen Geräten über eine schnelle Funk- oder Kabelverbindung. Auch ein externes DVD-Brennlaufwerk kann über ein USB-Kabel angeschlossen werden.

Abb. 1.3 Mit dem MacBook Air hat Apple auch ein Designobjekt geschaffen. (Foto: Apple)

Das Design ist bei Apple-Geräten jedoch nicht nur Selbstzweck, sondern auch mit technischen Innovationen verbunden. So sind z. B. alle neuen Apple-Notebooks (MacBooks) mit einem extra großen Bedienelement namens Trackpad ausgestattet, das mit mehreren Fingern gleichzeitig bedient werden kann (Multi-Touch-Technologie). Durch die Bewegungen von zwei oder drei Fingern können Objekte gedreht, Fenster auf- und zugezogen, Bilder und Texte gezoomt oder Bildschirmseiten durchblättert werden. Wie die Bedienung durch Fingergesten genau funktioniert, erfahren Sie in Kapitel 3.

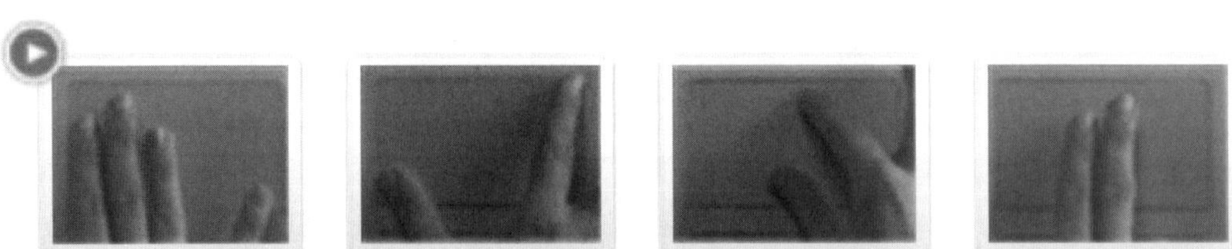

Abb. 1.4 Alle neuen Apple-Notebooks können per Multi-Touch mit Fingergesten bedient werden. (Foto: Apple)

Die durchgängigen Designlinien der Apple-Geräte sind unter anderem auch deshalb möglich, weil Apple die vollständige Kontrolle über die gesamte Produktpalette hat. Apple ist ja gleichzeitig Geräte- und Programmhersteller. Es gibt keine Fremdanbieter von Apple-Geräten.

Im PC-Bereich ist das genaue Gegenteil der Fall: Eine Vielzahl von Herstellern bietet alle möglichen Hardware-Komponenten an. Ein PC wird nach dem Baukastenprinzip aus den Einzelteilen unterschiedlicher Hersteller zusammengefügt. Standardisierungen sollen dafür sorgen, dass alles zusammenpasst und reibungslos funktioniert. Dass dies ist nicht immer der Fall ist, davon kann jeder PC-Anwender mit einiger Sicherheit ein Lied singen.

Hinzu kommt, dass beim PC normalerweise das Preis-Leistungs-Verhältnis regiert. Ein PC soll möglichst preisgünstig zusammengestellt und angeboten werden können. Und auch die große Mehrzahl der Käufer orientiert sich am Preis und nicht am Design. Für den PC gilt der Grundsatz „Masse statt Klasse". Folgerichtig sind die größten PC-Händler für den Privatbereich Aldi und Lidl.

Macs hingegen sind deutlich teurer als PCs mit vergleichbarer Leistung und bieten daher finanziellen Spielraum für aufwendiges Design und technische Innovationen, für die Mac-Käufer bereit sind, mehr zu zahlen.

Im Vergleich zu PCs ist die Zahl der Apple-Computer, die in Firmen und Privathaushalten im Einsatz sind, allerdings erstaunlich gering. Obwohl Apple im Moment hervorragende Wachstumszahlen verzeichnet, liegt der aktuelle Marktanteil in den USA bei etwa 8 Prozent. In Deutschland sind es derzeit nur etwa 3 bis 4 Prozent. Trotz der anhaltenden Absatzsteigerung sind Macs also immer noch eine Ausnahmeerscheinung. Wenn Sie sich für einen Mac entscheiden, gehören Sie also zu einer relativ kleinen, aber feinen Minderheit.

1.3 Gemeinschaftssinn inklusive

Minderheiten entwickeln oft ein ganz besonderes Zusammengehörigkeitsgefühl. Das ist bei Mac-Anwendern, auf Neudeutsch Mac-Usern, nicht anders. „Macianer" halten zusammen und respektieren sich, tauschen sich in gut besuchten Internetforen aus, veranstalten User-Treffen und kleben vielleicht das Apple-Logo auf Auto oder Fahrrad. Kurz: Mac-User bilden eine Gemeinschaft, eine „Community" – und Apple tut einiges, um diesen Gemeinschaftssinn aufrechtzuerhalten.

Die Macworld Expo, zu der einmal im Jahr Zigtausende Mac-Anwender nach San Francisco pilgern, um dort vom wieder genesenen und legendären Apple-Chef Steve Jobs höchstpersönlich Informationen zu den neuesten Apple-Produkten mitgeteilt zu bekommen, ist nur eine von vielen Veranstaltungen, die Apple tatkräftig unterstützt, um das Gemeinschaftsgefühl der Mac-User zu stärken.

Abb. 1.5 Apple-Chef Steve Jobs stellte der staunenden User-Gemeinde das MacBook Air erstmals auf der Macworld Expo vor. (Foto: Apple)

Bei PC-Anwendern ist diese Art des Zusammengehörigkeitsgefühls weitgehend unbekannt. Natürlich gibt es auch für PC-Anwender unzählige Internetforen, in denen sie sich gedanklich austauschen und unterstützen. Was aber fehlt, ist die gemeinsame Basis. Der Unterschied zwischen Mac- und PC-Anwendern ist der gleiche, der z. B. auch zwischen Motorrad- und Autofahrern herrscht. Motorradfahrer grüßen und respektieren sich, während Autofahrer sich ignorieren.

Der Effekt dieses Zusammengehörigkeitsgefühls ist eine gewisse Attraktivität. So wie es Autofahrer gibt, die Motorradfahrer heimlich beneiden und gern dazugehören würden, gibt es auch PC-Anwender, die gern einen Mac hätten, um Teil der Gemeinschaft zu sein.

1.4 Einsteigen ohne Umsteigen: Windows auf dem Mac

Ja, Sie haben richtig gelesen: Wenn Sie wollen, können Sie auf Ihrem Mac auch mit Windows und allen Windows-Programmen arbeiten. Über Sinn oder Unsinn dieser Maßnahme lässt sich vortrefflich streiten. An dieser Stelle sei dazu nur angemerkt, dass dies für einen Macianer in etwa die gleiche Attraktivität hat wie der Einbau und Betrieb eines VW-Käfer-Motors in einen Ferrari.

Der technische Hintergrund: Die Ursache für die grundsätzliche Unvereinbarkeit von PCs und Macs waren früher nicht nur die Eigenarten der unterschiedlichen Betriebssysteme Windows und MacOS sowie der dazugehörigen Anwendungsprogramme. Apple Macintosh-Rechner und PCs arbeiteten außerdem mit unterschiedlichen Prozessoren und damit mit einer völlig anderen Computertechnik. Motorola- und IBM-Chips beim Mac und Intel-Chips beim PC machten verlustfreien Informationsaustausch und reibungslose Zusammenarbeit grundsätzlich unmöglich. Mit Emulatoren („Nachbildungen") sowie Export-

und Importfiltern konnte zwar ein Großteil der Informationen erhalten bleiben, eine hundertprozentige Kompatibilität wurde jedoch nie erreicht.

Abb. 1.6 Die unterschiedlichen Welten von Windows-PCs und Macs waren zunächst nur teilweise vereinbar.

Ende des Jahres 2005 musste Apple allerdings notgedrungen auf Intel-Prozessoren und die damit verbundene Systemarchitektur umstellen. Motorola hatte die Produktion der Apple-Prozessoren komplett eingestellt und sich ganz auf die Produktion von Mobiltelefonen konzentriert. Und auch IBM hatte kein Interesse mehr an der Weiterentwicklung der Apple-Prozessoren.

Was zunächst ein herber Schlag für Apple zu sein schien, entpuppte sich sehr schnell als Glücksfall. Der erzwungene Umstieg auf Intel-Prozessoren führte nämlich die beiden bis dahin getrennten Welten Mac und PC so eng zusammen, dass auf einmal tatsächlich ein verlustfreier Datenaustausch möglich wurde.

Und so bescherte der Umstieg auf die Intel-Systemarchitektur Apple Verkaufserfolge, die kaum jemand für möglich gehalten hätte.

Abb. 1.7 Seit 2006 haben neue Macs auch „Intel inside".

Ein Mac wird mit den neuen Intel-Chips zwar nicht komplett zu einem PC – dafür sind andere Teile der Systemarchitektur zu verschieden –, die Intel-Prozessoren sind aber die Voraussetzung dafür, dass Windows auf den neuen Macs eingesetzt werden kann.

Allein die Aussicht, dank der neuen Prozessorarchitektur auf dem Mac auch Windows verwenden zu können, hilft, Schwellenängste abzubauen. Dies führt dazu, dass immer mehr Anwender, die schon lange mit dem Gedanken gespielt haben, sich einen Mac anzuschaffen, nun zugreifen. Die Preisdifferenz zum PC ist egal, endlich gibt es formschönes Design und innovative Ästhetik mit Netz und doppeltem Boden.

Wie Sie Windows auf Ihren Mac bringen und nutzen können, zeigen wir Ihnen in einem eigenen Kapitel. Wenn Sie sich bereits mit Windows auskennen, haben Sie auf jeden Fall die Sicherheit, auch auf Ihrem Mac auf Windows zugreifen und mit Ihren gewohnten Programmen arbeiten zu können. Die Erfahrung hat allerdings gezeigt, dass dies eigentlich nicht notwendig ist und ein Mac am besten mit dem Mac-Betriebssystem MacOS und „echten" Mac-Programmen eingesetzt wird.

Kapitel 2
Macs und mehr: die Welt der Apple-Rechner

Mit seinen verschiedenen Mac-Familien deckt Apple das komplette Computerspektrum ab. Von Notebooks (MacBook) über Komplettsysteme (iMac) und Mini-Rechner (Mac mini) für den stationären Einsatz am Schreibtisch bis zu den besonders leistungsstarken Workstations (Mac Pro), die sich vorrangig an Profi-Anwender richten, reicht das Angebot. Wie Sie in dieser Vielfalt von Rechnern das für Sie optimale Modell finden und welche Eigenschaften die verschiedenen Macs besitzen, zeigen wir Ihnen in diesem Kapitel.

2.1 Warum überhaupt einen Mac?

Macs nehmen gegenüber herkömmlichen PCs in vieler Hinsicht eine Sonderstellung ein. Mac-Rechner werden ausschließlich von einem Anbieter, nämlich Apple, vertrieben. Konventionelle PCs, die mit dem Windows-Betriebssystem und Intel- oder AMD-Prozessortechnik ausgestattet sind, werden dagegen von vielen verschiedenen Herstellern angeboten, die dabei Komponenten verschiedener Zulieferer verwenden.

Bei Windows-PCs greifen die Anbieter bei der Herstellung ihrer Rechner auf eine hohe Zahl unterschiedlicher Komponenten zurück, die sie dann in verschiedenen Varianten immer wieder neu zusammenstellen und mit spezifischen Bauteilen erweitern. Der Systemaufbau der PCs ist nur selten optimal, denn häufig wird aufgrund des hohen Konkurrenzdrucks bei Einzelbauteilen zu sehr gespart, um die Rechner zu einem möglichst attraktiven Preis anbieten zu können. Nicht selten bemängeln daher unabhängige Testinstitutionen bei PC-Desktops und PC-Notebooks eine unausgewogene und nicht optimale Zusammenstellung der Systemkomponenten.

Bei einem Mac gibt es diese Problematik nicht. Apple-Rechner sind immer optimal aufeinander abgestimmte Systeme, bei denen Komponenten hoher Qualität zum Einsatz kommen. Der stimmige Systemaufbau der Apple-Rechner minimiert auch die Gefahr von Fehlfunktionen, sodass ein Mac normalerweise sehr stabil arbeitet.

Der offensichtliche Nachteil ist der zumindest auf den ersten Blick doch deutlich höhere Preis der Mac-Rechner im Vergleich zu ähnlich ausgestatteten Windows-PCs. Dieser Preisaufschlag fällt bei genauerer Betrachtung jedoch geringer aus, wenn man den Blick auch auf die Qualität der Komponenten richtet, die nicht wie Prozessortyp und Taktrate oder Grafik-Modul im Fokus des Interesses stehen aber, dennoch von Bedeutung für die Gesamtleistung des Rechners sind.

Der Design-Faktor

Ein auf den ersten Blick sichtbarer Unterschied ist das auffällige Design der Mac-Rechner. Auf diesem Gebiet besitzt Apple seit jeher eine besondere Kompetenz. Viele Marktbeobachter sehen in diesem attraktiven und innovativen Design sogar den wichtigsten Erfolgsfaktor des Unternehmens.

Nicht nur die Computer, sondern auch alle anderen Produkte aus dem Hause Apple zeichnen sich durch ein besonderes Design aus. Paradebeispiel ist der iPod, der zwar keineswegs der erste MP3-Player auf dem Markt war, hier aber in kürzester Zeit neue Standards setzte. Auch mit dem iPhone konnte sich Apple als Späteinsteiger auf dem Mobiltelefonmarkt in kürzester Zeit zu einem der führenden Anbieter entwickeln.

Abb. 2.1 Mit seinem innovativen Design, wie hier bei der iPod-Familie, hebt sich Apple von der Konkurrenz ab.

Immer wieder versuchen andere Firmen, das Apple-Design zu kopieren, und bringen ähnliche Modelle zu günstigeren Preisen auf den Markt, die sich jedoch in ihrem Innenleben und auch bei der Funktionalität deutlich von den Originalen unterscheiden und nicht an diese heranreichen.

Technische Innovationen

Doch das besondere Design allein kann den Erfolg der Apple-Produkte nicht erklären. Vielmehr ist es so, dass vor allem technische Innovationen ausschlaggebend sind, die mit einiger Verzögerung ebenfalls von Konkurrenten übernommen werden.

Mit dem iPhone etwa führte Apple erstmals die Bedienung über Fingergesten in einem Produkt für den Massenmarkt ein. Und auch im Computerbereich hatte Apple mit demMac im Vergleich zum Windows-PC oftmals die Nase vorn, wenn es um die Einführung neuer Techniken ging. So waren Macs früher als PCs mit Funktechnik (WLAN) ausgestattet, die Apple unter dem Namen AirPort vermarktet. Auch Firewire-Schnittstellen oder Bluetooth wurden frühzeitig in die Apple-Produkte integriert, wohingegen viele Windows-PCs erst später damit ausgestattet wurden.

Besonderen Wert legt man bei Apple auf einfache Nutzung und Bedienung. So unterstützen Macs bereits viel länger als die Windows-Konkurrenz das „Einstöpseln und Loslegen“ (Plug and play): Peripheriegeräte werden an den USB-Anschluss angeschlossen und gleich verwendet, während bei Windows-PCs immer noch umständlich Treiber installiert werden.

2.2 Apple Desktop-Rechner

Apple hat sein Rechner-Angebot in den letzten Jahren nach und nach weiter ausgebaut. Die aktuelle Produktpalette reicht jetzt vom Einsteiger-Komplettsystem über Notebooks bis zu eher für den professionellen Einsatz gedachten Workstations, sodass jede Anwendergruppe ein passendes Modell finden kann.

Permanente Modellpflege und Weiterentwicklungen

Bei der folgenden Beschreibung der verschiedenen Apple-Rechner handelt es sich um eine Momentaufnahme. Apple aktualisiert seine Rechner in kurzen Abständen, um sie auf dem aktuellen Stand der Technik zu halten. Mitunter gibt es diese Modellpflege sogar mehrmals im Jahr. Bei Apple wird an weiteren Produkten gearbeitet, über die die Öffentlichkeit jedoch erst kurz vor der Markteinführung informiert wird.

Bis dahin gibt man sich bei Apple große Mühe mit der Geheimhaltung, sodass lediglich Gerüchte in Zeitschriften und Internet-Foren die Runde machen, die sich mal mehr und mal weniger bewahrheiten. Derzeit etwa warten Apple-Fans sehnsüchtig auf die offizielle Vorstellung eines Apple-Netbooks, die angeblich in der ersten Jahreshälfte 2010 stattfinden soll.
Die folgenden Angaben zu den Mac-Produktfamilien und Modellen entsprechen dem Stand von Anfang 2010, es ist daher gut möglich, dass sich einige technische Details schon einige Wochen später geändert haben können. Dies gilt insbesondere für die Prozessoren und die Festplattengrößen, die in den unterschiedlichen Mac-Versionen zum Einsatz kommen.

Mac mini

Der Mac mini ist der kleinste und billigste Desktop-Rechner von Apple. Er wird anders als die anderen Desktop-Rechner ohne Monitor, Tastatur und Maus ausgeliefert. Er richtet sich damit vor allem an Anwender, die diese Komponenten bereits besitzen, etwa Umsteiger von einem Windows-Rechner.

Mit einer Grundfläche von rund 16,5 x 16,5 cm und einer Höhe von knapp über 5 cm macht der Mac mini seinem Namen alle Ehre und nimmt auch auf einem kleinen Schreibtisch nur sehr wenig Platz ein. Auch das Gewicht fällt mit gut 1,3 Kilogramm äußerst gering aus.

Trotz der Miniatur-Abmessungen entpuppt sich der Mac mini als vollwertiger und leistungsstarker Rechner, der für die meisten Anwendungszwecke bereits ausreicht und auch genügend Schnittstellen bietet, um Peripheriegeräte anschließen zu können. So arbeiten die aktuellen Versionen des Mac mini beispielsweise mit recht schnellen Prozessoren vom Typ Intel Core 2 Duo, der Arbeitsspeicher ist mit 2 oder 4 GByte bestückt. Integriert sind auch alle Komponenten, die Sie für schnelle drahtlose Verbindungen mit dem Internet oder Peripheriegeräten wie Tastatur und Maus benötigen: ein WLAN-Modul, das auch den schnellen neuen Standard 802.11n unterstützt, und ein Bluetooth-Empfänger in der aktuellen Variante 2.1+EDR. Die Festplatte hat ein Fassungsvermögen von mindestens 160 Gbyte. Eine leistungsstarke Grafikkarte (NVidia GeForce 9400M) sowie ein DVD-Brenner sind mit dabei.

Abb. 2.2 Der Mac mini ist ein echter Computer-Winzling und findet auch auf dem kleinsten Schreibtisch Platz.

Zum Anschluss eines Monitors gibt es die beiden digitalen Varianten Mini-DVI und Mini DisplayPort, an denen ein spezieller Apple-Bildschirm betrieben werden kann. Für Bildschirme anderer Hersteller benötigen Sie ein Adapter-Kabel, das Apple für den herkömmlichen DVI-Anschluss gleich mitliefert. Andere Adaptervarianten sind als Apple-Zubehör erhältlich und müssen separat erworben werden.

Beim Mac mini sind außerdem noch ein Netzwerkanschluss (Gigabit-Ethernet), eine Firewire-800-Schnittstelle sowie fünf USB-Anschlüsse eingebaut. Das Netzteil wird separat mitgeliefert. Die geringe Stromaufnahme des Mac mini erlaubt einen lüfterlosen Betrieb, sodass die Geräuschentwicklung äußerst gering ist.

In den beiden Grundvarianten, die sich durch Prozessortakt, Umfang des Arbeitsspeichers und Festplattengröße unterscheiden, kostet der Mac mini rund 550 bzw. 750 Euro.

iMac

Der iMac ist ein Komplettsystem, ein sogenannter All-in-One-Computer. Ein separates Gehäuse für den eigentlichen Rechner gibt es hier nicht, stattdessen ist der Rechner bereits in den Flachbildschirm integriert. Außer dem Bildschirm mit eingebautem Computer benötigen Sie nur noch Tastatur und Maus, um mit dem iMac arbeiten zu können – beides gehört zum Lieferumfang. Auch Stereolautsprecher, Mikrofon und eine Videokamera (Webcam) sind bereits vorhanden.

Den iMac gibt es derzeit in zwei verschiedenen Bildschirmgrößen, wobei es jeweils noch zwei Ausstattungsvarianten gibt, sodass Sie insgesamt aus vier Grundversionen wählen können. Die günstigeren Einsteigerversionen sind mit einem 21,5-Zoll-Bildschirm ausgestattet, der es auf eine Auflösung von 1.920 x 1.028 Bildpunkten im Format 16:9 bringt und damit die volle HD-Auflösung bietet, sodass Sie auch mit einem Einsteiger-iMac bereits bestens für das neue hochauflösende Fernsehen gerüstet sind. Die Luxus-Ausführung kommt sogar mit einem 27-Zoll-Display, das mit einer Auflösung von 2.560 x 1.600 Bildpunkten arbeitet. Ob so große Bildschirme an einem konventionellen Schreibtisch, an dem der Abstand zum Bildschirm ja meist nicht besonders groß ist, tatsächlich sinnvoll sind, ist fraglich. Wenn Sie den iMac nicht zugleich auch als Fernseher oder für die DVD-Wiedergabe nutzen möchten, ist die Version mit dem kleineren Bildschirm bereits ausreichend. Wollen Sie hingegen den iMac tatsächlich auch als Fernsehgerät nutzen, lohnt sich die Mehrausgabe für den größeren Bildschirm allemal.

Abb. 2.3 Den All-in-One-Rechner iMac gibt es in zwei Grundversionen mit unterschiedlicher Bildschirmgröße.

Fernsehen nur mit Zusatzausstattung möglich

Um einen Mac als Fernsehgerät nutzen zu können, müssen Sie ein Zusatzgerät erwerben, über das Sie die Fernsehsignalquelle (Antenne, Kabel, DAB oder Satellit) mit dem Mac verbinden. Die Standardlösung dafür heißt EyeTV, kostet knapp 100 EUR und besteht aus einem Anschlussadapter und einem Empfangsprogramm, das den Mac auch gleich noch in einen digitalen Videorekorder verwandelt.

Das Einsteigermodell mit dem kleineren Display, das für rund 1.100 Euro zu bekommen ist, unterscheidet sich nur beim Umfang der Festplatte (500 GByte statt 1 TByte) und bei der eingebauten Grafikkarte vom rund 250 Euro teureren Modell gleicher Größe. Bei dem „großen" iMac haben Sie die Wahl zwischen einer Variante mit Core-2-Duo-Prozessor, der auch bei den kleineren Modellen verwendet wird, und dem neuen Intel Core i5, der bereits mit vier Rechnerkernen arbeitet und damit nochmals deutlich mehr Leistung bringt als die Zwei-Kern-Modelle. Außerdem hat Apple dem Spitzenmodell eine bessere Grafikkarte spendiert als den anderen Modellen. Mit ca. 1.800 Euro müssen Sie für den High-End-iMac recht tief in die Tasche greifen. Der einfacher ausgestattete 27-Zoll-iMac ist rund 300 Euro günstiger und für etwa 1.500 Euro zu bekommen.

Bei allen aktuellen iMacs verfügen die Bildschirme über eine LED-Hintergrundbeleuchtung, wovon die Bildqualität profitiert, was sich insbesondere bei Farbbrillanz und Kontrast zeigt. Gegenüber früheren Modellen wurde die Blickwinkelabhängigkeit verbessert, sodass auch Betrachter, die etwas seitlich versetzt auf den Monitor blicken, ein besseres Bild zu sehen bekommen.

Zum Lieferumfang gehören bei allen neuen iMacs eine drahtlose Tastatur, die via Bluetooth mit dem Rechner verbunden wird, sowie eine neuartige Computermaus, die Magic Mouse, die sich ebenfalls drahtlos mit dem Rechner verbindet. Diese neuartige Maus verzichtet auf Tasten und besitzt stattdessen eine berührungsempfindliche Oberfläche, sodass man durch einfache Fingerbewegungen auf der Maus horizontal oder vertikal scrollen kann. Zum Klicken wird einfach die Maus als Ganzes gedrückt.

Mausbedienung

Wenn es um die Bedienung eines Macs geht, ist die Maus das wichtigste Eingabeinstrument. Wie die Mausbedienung im Einzelnen funktioniert und welche Tricks und Kniffe es bei den unterschiedlichen Apple-Mäusen gibt, erfahren Sie im Kapitel 4.

Weitere Ausstattungsmerkmale des iMacs sind DVD-Brenner, eingebautes schnelles WLAN (802.11n), Bluetooth nach dem aktuellen Standard (2.1+EDR) sowie Gigabit-Ethernet und eine schnelle Firewire-Schnittstelle (Firewire 800), die etwa für den Anschluss von digitalen Videokameras genutzt werden kann. Apple hat dem iMac jetzt einen Steckplatz für SD-Cards spendiert, wie sie in vielen Digitalkameras oder Mobiltelefonen verwendet werden.

Mac Pro

Für Privatanwender eher nicht gedacht ist der besonders leistungsstarke Mac-Pro-Rechner, der mit Mehrkern-Prozessoren vom Typ Xeon und vielfältigen Erweiterungsmöglichkeiten auf die speziellen Anforderungen von Profis, etwa im Bereich der Bildbearbeitung, ausgelegt ist.

Mac-Pro-Modelle bestehen anders als die anderen Desktop-Rechner von Apple aus recht großen Tower-Gehäusen aus Aluminium und besitzen verschiedene Erweiterungsplätze, um zum Beispiel zusätzliche Grafikkarten oder weitere Festplatten einbauen zu können.

Abb. 2.4 Den Monitor zum Mac Pro müssen Sie sich zusätzlich besorgen.

Da diese Rechner damit eher nicht für den Einsatz im privaten Umfeld gedacht und konzipiert ist, wollen wir hier keine weiteren Einzelheiten auflisten, sondern uns dafür etwas ausführlicher den verschiedenen Apple-Notebooks widmen.

2.3 Apple Notebooks

Im Bereich der Mobilgeräte hat Apple sein Produktangebot gerade umstrukturiert. So gibt es nur noch ein Modell in der Einsteigerklasse, das MacBook, während es bei den höherwertigen Notebooks unter der Bezeichnung MacBook Pro jetzt drei Varianten gibt, die sich vor allem in der Bildschirmgröße unterscheiden. Das besonders flache MacBook Air rundet das Angebot an Apple-Notebooks ab.

MacBook

Das günstigste Apple-Notebook, das es derzeit für knapp 900 Euro zu kaufen gibt, ist das MacBook, das im Oktober 2009 noch einmal grundlegend überarbeitet wurde. Es besitzt einen 13-Zoll-Bildschirm mit LED-Hintergrundbeleuchtung und das Gehäuse ist aus einem einzigen Stück Kunststoff im sogenannten Unibody-Prinzip gefertigt. Durch dieses Verfahren soll die am Vorgängermodell teilweise geübte Kritik an der Haltbarkeit und Stabilität des Gehäuses nun der Vergangenheit angehören.

Die technischen Merkmale entsprechen weitgehend dem aktuellen Stand. Core-2-Duo-Prozessor, 2 GByte Arbeitsspeicher (auf 4 GByte aufrüstbar), separate Grafikkarte, 250-GByte-Festplatte sowie DVD-Brenner gehören zur Grundausstattung. Bei den Schnittstellen fehlt allerdings der Firewire-Anschluss, der sonst bei fast allen anderen Apple-Rechnern vorhanden ist. Es sind Bluetooth und das schnelle WLAN bereits eingebaut, auch Lautsprecher, Mikrofon und die obligatorische Videokamera sind vorhanden.

Abb. 2.5 Das neue MacBook gibt es ausschließlich in einem weißen Unibody-Kunststoffgehäuse und mit 13-Zoll-Display.

Eine weitere Besonderheit ist der festeingebaute Akku, der mit sechs bis acht Stunden Laufzeit recht lange durchhält und laut Hersteller 1.000 Ladezyklen verträgt, sodass er bei „üblicher" Nutzung drei bis fünf Jahre durchhält. Für den Austausch eines defekten Akkus verlangt Apple rund 140 Euro, was auch nicht viel teurer ist als ein konventioneller Ersatzakku.

Ein besonderes Detail ist der Maus-Ersatz in Form eines vergleichsweise großen Glas-Trackpads, das auch die Eingabe über Fingergesten wie auf dem iPhone ermöglicht. Das MacBook ist ausschließlich in der Farbe Weiß zu bekommen.

MacBook Pro

Bei den MacBook-Pro-Modellen gibt es drei Varianten mit 13-, 15- und 17-Zoll-Bildschirm, die sich jedoch nicht nur in der Bildschirmgröße, sondern auch bei einigen anderen Ausstattungsmerkmalen unterscheiden. Differenzen gibt es etwa bei den Taktfrequenzen der eingebauten Prozessoren, der Festplattengröße, dem Umfang des Arbeitsspeichers oder der Leistungsfähigkeit der eingebauten Grafikkarte. So kommen derzeit etwa Prozessoren vom Typ Core 2 Duo mit Taktraten von 2,26 bis 3,06 GHz zum Einsatz, die Festplattengröße schwankt zwischen 160 und 500 GByte und der Arbeitsspeicher beträgt 2 oder 4 GByte, wobei auch Erweiterungen auf noch größeren Speicher möglich sind.

Abb. 2.6 Beim MacBook Pro haben Sie die Wahl zwischen drei Grundvarianten mit unterschiedlichen Display-Größen.

Es gibt jedoch auch verschiedene Gemeinsamkeiten der drei Modelle. So besitzen sie wie das einfache MacBook ein Unibody-Gehäuse, das allerdings nicht aus einfachem Kunststoff, sondern aus hochwertigem Aluminium gefertigt ist. Auch besitzen alle Pro-Notebooks das bereits erwähnte große Multi-Touch-Trackpad. Bei allen drei Modellen ist standardmäßig ein Hochglanz-Display eingebaut, ein mattes Display ist nur bei den 15- und 17-Zoll-Modellen gegen einen Aufpreis von rund 50 Euro zu bekommen. Damit das Arbeiten auch in dunkler Umgebung möglich ist, bieten die Modelle eine Tastatur mit Hintergrundbeleuchtung. Wie beim einfachen MacBook sind auch hier die Akkus fest eingebaut. Sie sollen ebenfalls lange Laufzeiten von bis zu 7 Stunden bieten und rund 1.000 Ladezyklen überstehen.

Matt oder glänzend?

Bildschirme mit Hochglanzoberfläche werden immer häufiger angeboten. Einerseits bietet diese Technik eine deutliche Verbesserung des Bildes, etwa wenn es um Farbbrillanz und hohe Kontraste geht. Auch ein sattes, dunkles Schwarz ist auf diesen Displays besser darstellbar als auf den matten Bildschirmen.

Allerdings sind Hochglanzbildschirme spiegelempfindlich. Besonders in hellen Umgebungen, etwa beim Arbeiten im Freien oder im hellen Arbeitszimmer, kommt es häufig zu störenden Reflexionen. Ob ein Hochglanzbildschirm oder doch eher ein matter Bildschirm die bessere Wahl ist, hängt also ganz von den jeweiligen Einsatzbedingungen ab.

Das günstigste 13-Zoll-MacBook Pro ist zu Preisen ab etwa 1.050 Euro zu bekommen, die 15-Zoll-Version gibt es ab etwa 1.500 Euro und für das günstigste 17-Zoll-Modell müssen Sie rund 2.200 Euro zahlen.

MacBook Air

Mit dem MacBook Air hat Apple schließlich noch ein spezielles Notebook im Programm, das sich vor allem an mobile Anwender richtet, die ein besonders flaches und leichtes Notebook bevorzugen.

So wiegt das MacBook Air gerade einmal 1,36 Kilogramm und ist damit ähnlich leicht wie ein Netbook. Besonders auffällig ist aber seine besonders flache Bauweise. Zwischen 0,4 und 1,94 cm weist dieser Mobilrechner auf, wobei das Gehäuse wie bei den MacBook-Pro-Modellen aus einem Stück gefertigt ist und aus Aluminium besteht.

Abb. 2.7 Das MacBook Air gehört immer noch zu den flachsten Notebooks auf dem Markt.

Das Display beträgt 13,3 Zoll und bringt es auf eine Auflösung von 1.280 x 800 Bildpunkten. Auch beim MacBook Air gibt es die LED-Hintergrundbeleuchtung für besonders intensive Farben. Als Prozessor kommt derzeit auch hier ein Core 2 Duo von Intel zum Einsatz, die standardmäßig eingebaute Festplatte fasst 120 GByte. Trotz der Mini-Abmessungen hat auch noch eine separate Grafikkarte Platz im MacBook Air und schnelles WLAN und Bluetooth sind bereits eingebaut.

Der kompakten Bauform ist jedoch das DVD-Laufwerk zum Opfer gefallen, das hier keinen Platz mehr findet. Wenn Sie darauf nicht verzichten wollen, müssen Sie sich ein externes Laufwerk anschaffen. Ein externes DVD-Brennerlaufwerk im passenden Design bietet Apple zum Preis von rund 100 Euro an. Ebenfalls nicht vorhanden am MacBook Air ist ein Firewire-Anschluss.

Angeboten wird das MacBook Air in der Grundausstattung derzeit zum Preis von etwa 1.400 Euro.

SSD statt konventioneller Festplatte

Für das MacBook Air bietet Apple wie für die MacBook-Pro-Modelle den Einbau einer der neuartigen SSD-Massenspeicher anstelle der konventionellen Festplatte an. Ein SSD-Laufwerk funktioniert so ähnlich wie eine Speicherkarte (SD, Memory Stick etc.) einer Digitalkamera. Die SSD-Technik hat zahlreiche Vorteile, die vor allem beim Einsatz in Notebooks zum Tragen kommen. So sind sie robuster gegen Stöße oder Erschütterungen, da hier keine beweglichen Elemente wie bei den Festplatten verwendet werden. Zudem verbrauchen sie weniger Energie und arbeiten leiser. Schließlich sind gute SSDs deutlich schneller als übliche Festplatten und beschleunigen etwa das Hochfahren des Rechners und den Start von Programmen erheblich. Allerdings kosten SSD-Speicher immer noch deutlich mehr als vergleichbar große konventionelle Festplatten.

2.4 Welcher Mac soll es sein?

Welcher der vielen Macs nun für Sie der richtige ist, hängt von Ihren individuellen Anforderungen ab. Generell gibt es einen Trend hin zu Notebooks und weg von Desktop-Rechnern. Immer mehr Anwender geben der Kompaktheit und Mobilität von Notebooks den Vorzug gegenüber der Unbeweglichkeit und Klobigkeit von Desktop-Rechnern.

Für die stationären Apple-Rechner gelten diese Vorbehalte jedoch nur eingeschränkt. Zwar sind auch iMac und Mac mini nicht dazu geeignet, mal eben vom Arbeitszimmer mit auf die Terrasse genommen zu werden, wenn man bei schönem Wetter einmal draußen arbeiten oder im Internet surfen möchte, doch besitzen sie dafür im Vergleich zu konventionellen PCs immerhin noch andere Vorteile. So ist der iMac mittlerweile zu einem echten Design-Klassiker geworden, der jedem Schreibtisch gut zu Gesicht steht, und der Mac mini ist so winzig, dass er auch auf sehr beengtem Raum noch ein Plätzchen findet. Der Mac mini empfiehlt sich vor allem dann, wenn Sie einen preisgünstigen Einstieg in die Apple-Welt suchen und mit einem günstigen Flachbildschirm etwa im 19- oder 20-Zoll-Format auskommen.

Im Vergleich zum günstigsten iMac (ca. 1.100 Euro) lassen sich auch mit dem ähnlich ausgestatteten Mac Mini (750 Euro) sowie einem einfachen Display und Zubehör (ca. 150 Euro) bereits etwa 200 Euro sparen. Verzichten müssen Sie hierbei dann jedoch auf das Apple-Flair des PC-Arbeitsplatzes.

Einen Mac individuell konfigurieren

Wie am Beispiel der SSD-Massenspeicher bereits erwähnt, haben Sie bei allen Mac-Rechnern die Option, die Grundmodelle zu variieren und Ihren eigenen Wünschen anzupassen. Meist erstrecken sich diese Anpassungsmöglichkeiten auf Eigenschaften verschiedener Komponenten wie etwa die Größe des Arbeitsspeichers, die Größe der Festplatte oder auch die Qualität der Grafikkarte. Welche Wahlmöglichkeiten Sie bei den verschiedenen Macs haben, können Sie im Apple Online-Shop (store.apple.com/de) in Erfahrung bringen.

Wenn es in jedem Fall ein Notebook sein soll, bietet Apple mit dem MacBook ein gutes Einsteigergerät, das für die üblichen Anforderungen eines Normalanwenders ausreichend ausgestattet ist. Für Internetzugang, Textverarbeitung, Tabellenkalkulation oder auch Wiedergabe von Videos oder Bildbearbeitung reichen sowohl die einfachen MacBooks als auch die günstigsten iMacs oder der Mac mini bereits mehr als aus.

Wollen Sie besonders anspruchsvolle Anwendungen nutzen, etwa eigene hochauflösende Videos auf dem Rechner bearbeiten oder aktuelle 3-D-Computerspiele spielen, sollten Sie die besser ausgestatteten, dafür aber auch teureren Mac-Modelle in Erwägung ziehen.

Leider gibt es von Apple immer noch keine bequeme Dockingstation, mit der Sie ein MacBook einfach mit einem Handgriff an eine Arbeitsplatzumgebung am Schreibtisch anschließen könnten. Die Verbindung zu einem externen Display, einer externen Tastatur und einer Maus müssen Sie also nach wie vor jeweils einzeln herstellen.

Garantieverlängerung

Standardmäßig ist beim Kauf eines neuen Mac-Rechners der sogenannte Standard-Support enthalten, der eine Garantie über 12 Monate sowie einen kostenfreien Telefonkundendienst in den ersten neunzig Tagen beinhaltet. Gegen einen modellabhängigen Aufpreis, der etwa zwischen 170 und 250 Euro beträgt, gibt es den AppleCare Protection Plan, bei dem die Garantie und auch der Telefonkundendienst auf drei Jahre verlängert werden.

2.5 Mac-Zubehör

Das Angebot an Peripheriegeräten für den Mac, etwa Drucker oder Scanner, ist zwar nicht ganz so groß wie für die Windows-Welt, allerdings gibt es immer noch eine umfangreiche Produktpalette, aus der Sie auswählen können. Achten Sie beim Kauf darauf, dass die Geräte ausdrücklich „Mac-geeignet“ und mit Treibern für das aktuelle Mac-Betriebssystem Mac OS X ausgestattet sind, damit ein problemloser Betrieb der Geräte an Ihrem Mac gewährleistet ist.

Drahtlosverbindungen

Auch Apple selbst bietet verschiedene interessante Hardware-Erweiterungen an. So gibt es etwa WLAN-Basisstationen, mit denen Sie die in die Mac-Rechner eingebaute Funktechnik zum drahtlosen Datenaustausch zwischen mehreren Rechnern oder für den Internetzugang verwenden können. Die AirPort Extreme Basisstation arbeitet sogar im Dualband-Modus (2,4 und 5 GHz) und nach dem aktuellen 802.11n-Standard, sodass die maximal möglichen Übertragungsgeschwindigkeiten im WLAN unabhängig von den jeweils verwendeten Geräten erreicht werden können. Im Online-Shop von Apple kostet diese Basisstation derzeit etwa 160 Euro.

Die AirPort Express-Basisstation mit AirTunes ist vor allem dazu gedacht, mit einem oder mehreren Mac-Rechnern gemeinsam drahtlos auf einen USB-Drucker zuzugreifen oder Musik aus der iTunes-Bibliothek von Ihrem Mac aus drahtlos in andere Räume zu übertragen und beispielsweise über Ihre Stereo-Anlage oder Aktivlautsprecher wiederzugeben. Angeboten wird diese WLAN-Station momentan für rund 90 Euro.

Abb. 2.8 Externe Festplatte und schneller WLAN-Router in einem ist Time Capsule, das im typischen Apple-Design daherkommt.

Die Luxuslösung unter den AirPort-Basisstationen ist Time Capsule. Diese Neuerung ist einerseits eine WLAN-Basisstation im Dualband-Modus, darüber hinaus zusätzlich eine große Festplatte, die wahlweise eine Speicherkapazität von 1 oder 2 TByte (also 1.000 bzw. 2.000 GByte) bietet. Diese Festplatte kann als gemeinsamer Datenspeicher für mehrere Rechner im WLAN genutzt werden, zudem arbeitet diese Festplatte automatisch mit den neuen Mac-OS-Betriebssystemen (Leopard und Snow Leopard) zusammen, sodass auf diesem Weg eine externe Datensicherung sehr bequem und ohne lästige Verkabelung möglich ist. In der einfachen Version mit 1 TByte kostet Time Capsule rund 270 Euro, für die Version mit 2 TByte müssen Sie ca. 450 Euro zahlen.

Modem nicht enthalten

Mit Time Capsule oder der AirPort Extreme-Basisstation können Sie auch einen drahtlosen Internetzugang herstellen. Sie benötigen dazu allerdings noch ein zusätzliches DSL-Modem oder Kabelmodem – je nachdem, über welche Technik Sie den Internetzugang realisieren. Das Modem wird mit dem Netzwerkanschluss der Station verbunden. Über diese Lösung können auch Windows-PCs per WLAN auf das Internet zugreifen.

Sonstiges Zubehör

Wollen Sie einen Mac mini mit Apple-Originalzubehör zu einem Komplett-PC aufrüsten oder Ihr Apple-Notebook zu einem Arbeitsplatzrechner erweitern, können Sie einen hochwertigen Apple-Flachbildschirm anschließen, von denen es derzeit zwei Versionen mit 24 und 30 Zoll Bildschirmdiagonale gibt.

Für die allermeisten Anwender dürfte die 24-Zoll-Version bereits mehr als ausreichend sein, die unter der Bezeichnung Apple LED Cinema Display angeboten wird. Dieses Modell ist mit dem Apple-Bildschirmabschluss Mini-DisplayPort ausgestattet und hat zusätzliche USB-Anschlüsse, an die weitere Geräte angeschlossen werden können. Der 24-Zoll-Bildschirm mit einer Auflösung von 1.920 x 1.200 Bildpunkten kostet rund 850 Euro.

Abb. 2.9 Möchten Sie Ihr MacBook auch als Arbeitsplatzrechner verwenden, empfiehlt sich der Anschluss eines externen Displays.

Der 30-Zoll-Bildschirm (Apple Cinema HD Display) mit umgerechnet etwa 75 cm Bildschirmdiagonale und einer Auflösung von 2.560 x 1.600 Bildpunkten wird dagegen eigentlich nur von Grafikprofis benötigt, denen das Display nicht groß genug sein kann, um sich beispielsweise auch Werkzeugpaletten einblenden zu lassen, ohne dass dies zu Beeinträchtigungen des eigentlichen Bildinhalts führt. Allerdings kostet diese Luxusvariante ca. 1.800 Euro.

Für den aufgeräumten Desktop ohne lästiges Kabelgewirr empfehlen sich zudem kabellose Tastaturen und Mäuse, wie sie Apple ebenfalls anbietet. Eine Besonderheit ist die vor Kurzem vorgestellte Magic Mouse, die zum Lieferumfang aller neuen iMacs gehört und die, wie bereits zuvor beschrieben, über eine Multi-Touch-Oberfläche verfügt, mit der eine Bedienung mittels Fingergesten wie auf einem Touchscreen möglich ist. Die Magic Mouse kann auch separat zum Preis von knapp 70 Euro erstanden werden.

Abb. 2.10 Die neue Magic Mouse sieht nicht nur futuristisch aus, sie bietet auch ein völlig neues Bedienkonzept.

Etwas günstiger sind die kabelgebundenen Ausführungen, die zudem keine eigene Stromversorgung per Batterie bzw. Akku benötigen.

2.6 Einkaufsquellen

Einen Mac gibt's zwar immer noch nicht an jeder Ecke zu kaufen, mittlerweile haben sich die Einkaufsmöglichkeiten jedoch deutlich erweitert.

Jederzeit offen und von überall aus erreichbar ist der Online-Shop von Apple (www.apple.de), über den Sie mit wenigen Mausklicks einen Mac nicht nur bestellen, sondern auch im Rahmen der angebotenen Konfigurationsoptionen an Ihre individuellen Anforderungen anpassen können.

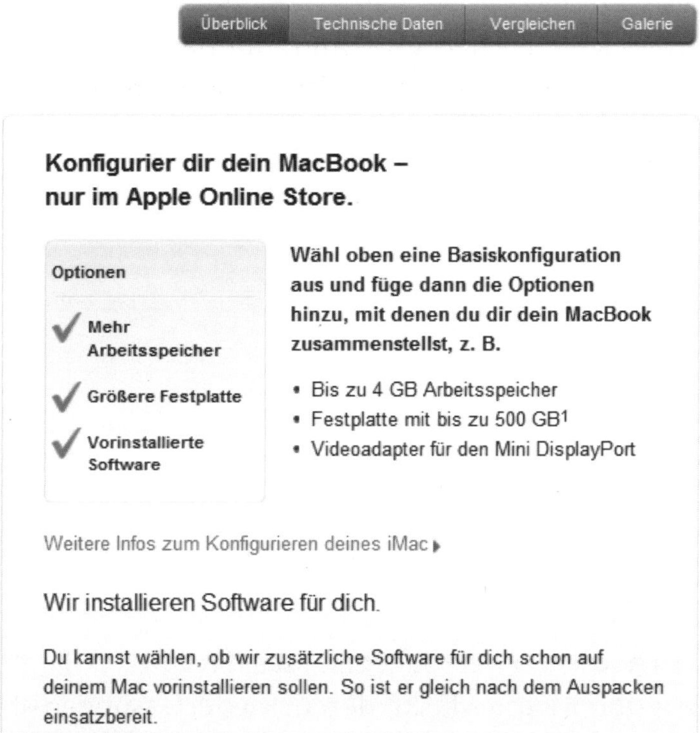

Abb. 2.11 Im Apple Online-Store können Sie Ihren Mac individuell konfigurieren und z. B. auch zusätzliche Software installieren lassen.

Wollen Sie vor dem Kauf die verschiedenen Macs einmal in natura in Augenschein nehmen und ausprobieren, so gibt es dafür mehrere Möglichkeiten. Dies wird von einigen Unternehmen, die mit Filialen in verschiedenen Großstädten vertreten sind, angeboten. Zu den bekanntesten dieser Ketten gehören zum Beispiel Gravis (www.gravis.de) oder MStore (www.mstore.de). Zuletzt hat auch das Unternehmen Apple selbst einige große Shops eröffnet, wobei diese Filialen nur in den deutschen Metropolen wie Hamburg, Berlin, München oder Frankfurt zu finden sind.

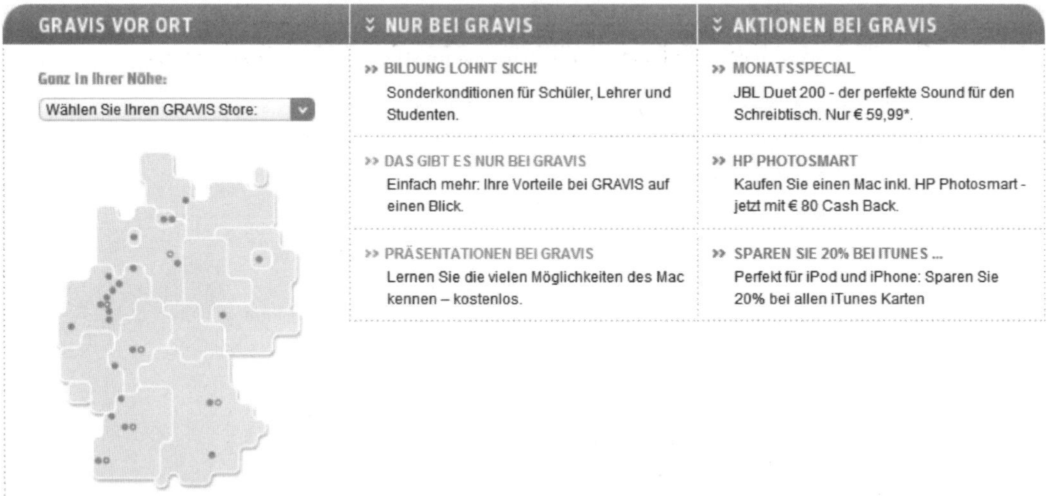

Abb. 2.12 Einige Apple-Partner wie Gravis sind in vielen größeren Städten mit eigenen Filialen vertreten.

Deutlich dichter ist dagegen das Netz der Elektronikmärkte Saturn und Media Markt, deren Niederlassungen ebenfalls über kleine oder größere Mac-Shops verfügen.

Kapitel 3
Auspacken, Anschließen, Loslegen

Haben Sie sich für „Ihren" Mac entschieden, ihn vor Ort oder über das Internet gekauft und mit nach Hause genommen oder zustellen lassen, können Sie in die Mac-Welt eintauchen. Egal, ob Mac mini, iMac, MacBook oder MacBook Pro – das Mac-Erlebnis beginnt bereits beim Auspacken. Denn passend zum Mac sind auch der dazugehörige Karton und dessen diverse Einlagen, Einschübe und Innenkartons durchdachte und aufeinander abgestimmte Designerstücke, die genauso sparsam-elegant wie die eigentlichen Geräte sind. Bereits die Verpackung vermittelt ein Gefühl der „Wertigkeit", das jeder Mac ausstrahlt und das auch Sie spüren werden, wenn Sie ihn benutzen.

Abb. 3.1 Bei Apple-Computern ist auch die Verpackung Teil des Mac-Erlebnisses. (Foto: Apple)

3.1 So bereiten Sie Ihren Mac für den Erstbetrieb vor

Beim Auspacken und der Vorbereitung für den Erstbetrieb müssen Sie nur wenige Dinge beachten. Wirklich wichtig ist nur, dass Sie dem Gerät ein wenig Zeit geben, sich zu „akklimatisieren" und die Zimmertemperatur anzunehmen. Am besten packen Sie alle Einzel- und Zubehörteile, die sich im Karton befinden, vorsichtig und in Ruhe aus und kontrollieren dabei gleich, ob der Inhalt vollständig und unversehrt ist.

Abb. 3.2 Öffnen Sie den Mac-Karton und packen Sie alle darin befindlichen Einzel- und Zubehörteile aus.

Lieferumfang

Was alles dabei sein muss, ist im ersten Kapitel des Handbuchs *Alles Mac* unter der Überschrift *Paketinhalt* aufgelistet. Jedem Gerät liegen zwei kleinformatige quadratische Druckerzeugnisse bei – das erwähnte Handbuch mit dem Titel *Alles Mac* und ein etwa gleichgroßer Schuber mit dem Titel *Alles andere,* der drei

DVDs enthält, auf denen das Betriebssystem (Mac OS X) und alle dazugehörigen Programme gespeichert sind. Bei Macs mit Bildschirm – also beim iMac und bei allen MacBooks – ist außerdem noch ein Mikrofasertuch dabei, mit dem Sie den verspiegelten Bildschirm immer wieder auf Hochglanz bringen können.

Abb. 3.3 „Alles Mac“ und „Alles andere“ sind immer mit dabei, das Putztuch nur bei Macs mit eigenem Bildschirm.

Keine Programminstallationen notwendig

Die beiliegenden Programm-DVDs sind bereits installiert und fix und fertig eingerichtet. Um Ihren Mac in Betrieb nehmen zu können, brauchen Sie keine Programme zu installieren. Die Programm-DVDs liegen nur sicherheitshalber und für den Fall bei, dass Sie den Mac komplett neu einrichten wollen, wenn Sie z. B. eine größere Festplatte einbauen (lassen).

Unter den verschiedenen Mac-Modellen gibt es beim Lieferumfang einige wichtige Unterschiede. So ist beim iMac gleich alles mit dabei, was Sie benötigen, um sofort mit dem Gerät arbeiten zu können – Netzkabel, Fernbedienung sowie Maus und Tastatur. Bei den MacBooks, die ja ohnehin komplett ausgestattet sind, befinden sich außer dem obligatorischen Netzteil und dem dazugehörigen Netzteilkabel meist auch noch eine Fernbedienung sowie ein Adapter, mit dem Sie einen zusätzlichen externen PC-Monitor an das MacBook anschließen können.

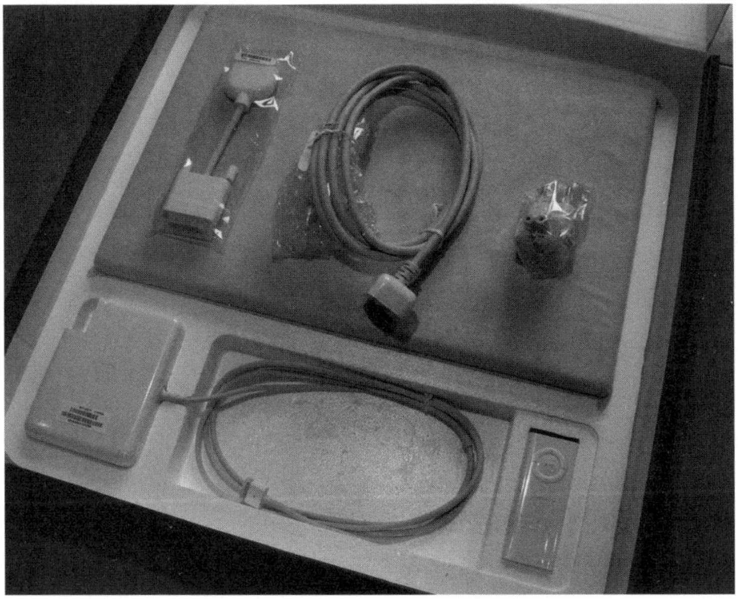

Abb. 3.4 Die meisten MacBooks werden zusammen mit einem Bildschirmadapter und einer Fernbedienung ausgeliefert.

Unterschiedliche Monitoranschlüsse bei Mac und PC

Ein Mac hat andere Monitoranschlüsse als ein PC. Während alle aktuellen Macs mit sogenannten Mini-Display-Ports oder Mini-DVI-Anschlüssen ausgestattet sind, gibt es bei PCs VGA- oder DVI-Anschlüsse. Wie die Bezeichnungen bereits vermuten lassen, sind die Bildschirmanschlüsse deutlich kleiner – was übrigens unter anderem einer der Gründe für die schlanken Gehäuse der MacBooks ist. Da Computerbildschirme ab Werk normalerweise mit PC-Anschlüssen – also VGA oder DVI – ausgestattet sind, benötigen Sie einen Adapter, um sie an Ihren Mac anschließen zu können.

Die Apple-Bildschirme – die unter der Bezeichnung „Cinema Display" in den Größen 24 Zoll und 30 Zoll (Bildschirmdiagonale) angeboten werden – sind natürlich mit einem passenden Mini-Display-Port-Anschluss ausgestattet.

Sollten Sie sich für einen Mac mini entschieden haben, müssen Sie Tastatur und Maus zusätzlich anschaffen, da diese nicht mit zum Lieferumfang gehören. Beim Mac mini sind lediglich ein Netzteil mit einem Netzteilkabel und ein Bildschirmadapter mit dabei. Den Bildschirm müssen Sie natürlich auch noch separat erwerben. Dank des beiliegenden Bildschirmadapters können Sie jeden beliebigen PC-Monitor anschließen und müssen nicht sofort in eines der beiden hochwertigen, aber ebenso hochpreisigen Cinema Displays von Apple investieren.

Abb. 3.5 Beim Mac mini fehlen Tastatur, Maus und Bildschirm.

Schutzfolien entfernen

Ist der Inhalt der Kartons vollständig und unversehrt, öffnen Sie die Plastikverpackungen des Zubehörs und entfernen sämtliche Schutzfolien vom Mac und von den Anschlüssen des Zubehörs.

Bei Fernbedienung und kabelloser Tastatur sowie Maus müssen Sie unbedingt auch die Schutzfolie von den Batteriekontakten dieser Zubehörkomponenten entfernen, damit diese mit Strom versorgt werden. Alle neuen iMacs werden ja mit kabellosen Tastaturen und Mäusen ausgeliefert. Und auch bei einem Mac mini sollten Sie sich durchaus für die kabellose Maus- und Tastaturvariante entscheiden. Die Batterien sind bei allen kabellosen Zusatzgeräten bereits eingelegt, aber mit einem Kunststoffstreifen, der sich vor den Batteriekontakten befindet, gegen vorzeitige Entladung geschützt. Sie können die Kunststofffolie durch vorsichtiges Ziehen entfernen, ohne das jeweilige Gerät öffnen zu müssen.

Abb. 3.6 Entfernen Sie auch die Schutzfolien von den Batteriekontakten und Schaltern der kabellosen Zusatzgeräte.

Heben Sie die Verpackung auf

Die gesamte Mac-Verpackung sollten Sie nicht sofort entsorgen, sondern nach Möglichkeit aufheben. Falls Ihr Mac – was eher selten vorkommt – defekt oder – was häufiger der Fall ist – durch äußere Einflüsse zu Schaden gekommen sein sollte, können Sie den Karton für den Transport zu Ihrem Apple-Händler oder die Rücksendung des Geräts sehr gut gebrauchen.

3.2 So schließen Sie Netzteil, Bildschirm, Tastatur und Maus an

Bevor Sie den Mac nun in Betrieb nehmen können, müssen Sie für die Stromzufuhr sorgen und die – außer bei einem MacBook – notwendigen Ein- und Ausgabegeräte (Bildschirm, Tastatur und Maus) anschließen. Dies ist mit wenigen Handgriffen erledigt.

Schließen Sie auch Ihr MacBook ans Stromnetz an

Wenn Sie ein MacBook erworben haben, sollten Sie es vor der Erstinbetriebnahme auch mit Strom aus der Steckdose versorgen. Der Akku Ihres MacBooks ist normalerweise zwar nicht leer, aber nur noch teilgeladen und es ist fraglich, ob die Ladung für die gesamte Erstinbetriebnahme reicht.

Stromanschluss

Schließen Sie Ihren Mac zuerst an das Stromnetz an.

Beim iMac führen Sie dazu einfach das beiliegende Netzkabel durch das große Loch des Aluminiumfußes und stecken den Verbindungsstecker in den Stromanschluss des Geräts. Ist dies geschehen, stecken Sie den Netzstecker entweder direkt in eine Wandsteckdose oder in die Steckdose eines Verlängerungskabels.

Haben Sie einen Mac, der mit einem externen Netzteil ausgestattet ist – also einen Mac mini oder ein MacBook –, schließen Sie zuerst den Netzteilstecker an das Stromnetz und dann den Stecker des Netzkabels an den Stromanschluss am Mac an.

Dabei lernen Sie gleich eines der vielen gut durchdachten Details kennen, die einen Mac zu einem Mac machen – den MagSafe-Netzanschluss. Der Stecker wird nämlich nicht einfach eingesteckt, sondern lediglich von einem Magneten am Netzanschluss gehalten. Führen Sie den Stecker in die Nähe des Anschlusses, werden Sie merken, dass er auf einmal magnetisch angezogen wird und automatisch in die korrekte Position rutscht. Halten Sie den Stecker daher nicht zu fest, damit er ein wenig Bewegungsfreiheit hat.

Abb. 3.7 Der MagSafe-Stecker wird vom Anschluss magnetisch angezogen und gehalten.

Sobald der Stecker richtig sitzt, leuchtet ein Anzeigelämpchen auf, das bei allen MacBooks zwei unterschiedliche Farben haben kann. Leuchtet es orange-rot, wird das MacBook geladen, leuchtet es grün, ist der Akku vollständig geladen.

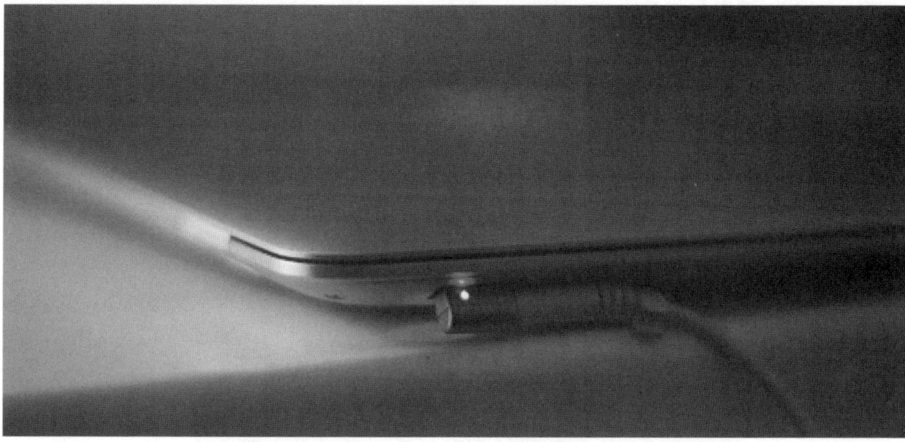

Abb. 3.8 Die Leuchte am MagSafe-Stecker zeigt, dass der Stecker korrekt sitzt, und weist auf den Ladezustand hin.

Der MagSafe-Anschluss verhindert, dass das Netzkabel zu einer Stolperfalle wird, die unter Umständen nicht nur Sie zu Fall bringen, sondern auch das MacBook vom Tisch schleudern könnte. Da Stecker und Anschluss durch den Magneten nur lose verbunden sind, löst sich das Kabel sofort, wenn an ihm gezogen wird. Probieren Sie dies aus und ziehen Sie am Kabel – Sie werden erstaunt sein, wie leicht sich die Verbindung löst!

Bildschirm anschließen

Haben Sie sich nicht für einen iMac oder eines der MacBooks entschieden, bei denen der Bildschirm bereits integriert ist, sondern einen Mac mini oder Pro gekauft, müssen Sie an diesen nun den Bildschirm anschließen. Dazu stellen Sie den Bildschirm neben den Mac, schließen das Netzkabel des Bildschirms an das Stromnetz an und verbinden Bildschirm und Mac mit dem Bildschirmkabel. Handelt es sich um einen Apple-Bildschirm, können Sie ihn direkt an einen der beiden Bildschirmanschlüsse (Mini-DVI oder Mini-Display-Port) anschließen. Handelt es sich hingegen um einen handelsüblichen PC-Monitor, müssen Sie einen passenden Adapter (Mini-DVI oder Mini-Display-Port auf VGA oder DVI) dazwischenstecken.

Abb. 3.9 Einen Apple-Monitor können Sie direkt, einen PC-Monitor nur unter Verwendung eines Adapters (rechts) anschließen.

Bildschirmadapter für PC-Monitor beim Mac mini mit dabei

Wenn Sie einen neuen Mac mini gekauft haben, so besitzen Sie bereits einen Adapter mit dessen Hilfe Sie einen PC-Monitor anschließen können. Der Mac mini wird nämlich zusammen mit einem Bildschirmadapter „Mini-DVI-auf-DVI" ausgeliefert. Sollte dieser nicht passen, benötigen Sie einen Bildschirmadapter „Mini-DVI-auf-VGA". Dieser ist auf jeden Fall überall dort erhältlich, wo es Apple-Geräte zu kaufen gibt.

Mac-Anschlüsse und ihre Symbole

Bevor Sie jetzt anfangen, merkwürdige Abkürzungen für die unterschiedlichen Anschlüsse auswendig zu lernen, eine kurze Entwarnung. Die Anschlüsse eines Macs sind so gestaltet, dass Sie nicht aus Versehen ein Gerät falsch anschließen können.

Außerdem ist jeder Anschluss mit einem Symbol gekennzeichnet, das sich – und auch das ist Mac-typisch! – auch auf dem Anschlussstecker des passenden Anschlusskabels befindet. Im Zweifelsfall brauchen Sie also nur die Symbole der Anschlüsse und der Anschlussstecker zu vergleichen.

Am Beispiel des Mac mini zeigen wir Ihnen in der folgenden Grafik die vorhandenen Anschlüsse und mit welchen Symbolen diese gekennzeichnet sind. Diese Anschlüsse und Symbole finden Sie genau wie den Ein- und Ausschalter auch auf allen anderen Macs und MacBooks.

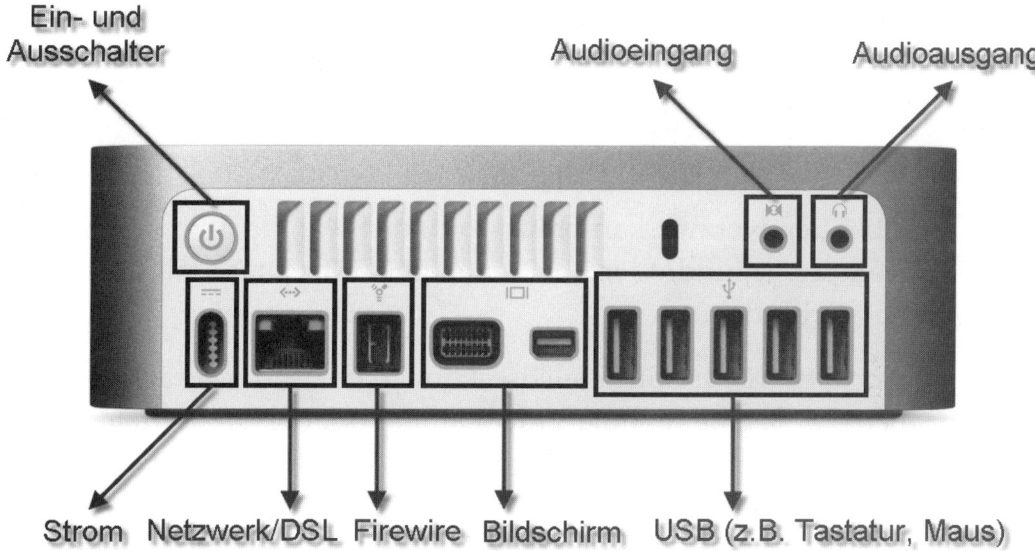

Abb. 3.10 Die Anschlüsse des Mac mini und ihre Symbole im Überblick.

Dazu einige kurze Erläuterungen.

Mit dem Ein- und Ausschalter schalten Sie den Mac zwar ein, aber normalerweise nicht komplett aus, sondern Sie versetzen ihn nur in einen Ruhezustand, aus dem Sie ihn mit einer Mausbewegung oder einem Tastendruck sofort wieder aufwecken können. Wie Sie Ihren Mac komplett ausschalten, erfahren Sie weiter unten im Abschnitt „Erstinbetriebnahme".

An den Audioeingang können Sie alle möglichen Audiogeräte anschließen – z. B. einen MP3-Player, ein Mikrofon oder eine komplette HiFi-Anlage. Einzige Voraussetzung ist, dass das Anschlusskabel mit einem kleinen Klinkenstecker ausgestattet ist. Ihr Mac erwartet hier ein 2-Kanal-Stereosignal.

An den Audioausgang können Sie alle möglichen Audioausgabegeräte anschließen – z. B. ein Lautsprechersystem, einen Kopfhörer oder gleich eine komplette HiFi-Anlage. Auch hier muss das Ausgabegerät mit einem Kabel mit kleinem Klinkenstecker verbunden werden. Das Signal, das der Mac wiedergibt, ist ein 2-Kanal-Stereosignal.

Das Symbol für den Stromanschluss zeigt an, dass hier ein externes Netzteil angeschlossen wird.

Über den Netzwerkanschluss können Sie Ihren Mac mit anderen Computern und/oder über einen DSL-Anschluss mit dem Internet verbinden.

An die Firewire-Steckbuchse können Sie Videogeräte anschließen – z. B. eine digitale Videokamera oder einen digitalen Camcorder.

Alle neuen Macs haben mindestens einen Bildschirmanschluss für einen Mini-Display-Port-Stecker. Sind zwei Anschlüsse vorhanden, so passt in den anderen Anschluss ein Mini-DVI-Stecker.

Bis auf das MacBook Air haben Macs immer mehrere USB-Anschlüsse, da die meisten Zusatzgeräte – wie etwa Tastaturen, Mäuse, Drucker und Scanner – mit USB-Steckern ausgestattet sind. Sollte die Anzahl der USB-Anschlüsse nicht ausreichen, können Sie per USB einen USB-Verteiler anschließen, der normalerweise mit vier weiteren USB-Anschlüssen ausgestattet ist.

Tastatur und Maus anschließen

Nachdem Sie nun sämtliche Anschlüsse und Anschlusssymbole kennengelernt haben, ist der Anschluss der beiden wichtigsten Eingabegeräte, Tastatur und Maus, an Ihren Mac mini oder iMac ein Kinderspiel.

Falls Sie ein MacBook haben, dann können Sie natürlich gleich im Abschnitt „Erstinbetriebnahme“ weiterlesen, da ja Mausersatz und Tastatur bereits vorhanden sind – obwohl Sie an Ihr MacBook natürlich auch eine externe Tastatur und eine externe Maus anschließen können.

Wenn Tastatur und Maus mit jeweils einem Kabel ausgestattet sind, schließen Sie als Erstes das USB-Kabel der Tastatur an einen der USB-Anschlüsse des Mac an.

Abb. 3.11 Schließen Sie das Kabel der Tastatur an einen der USB-Anschlüsse an.

Ist dies erledigt, schließen Sie das Kabel der Maus – und auch dies ist Mac-typisch – an einen der beiden USB-Anschlüsse der Tastatur an. Jede Mac-Tastatur mit Kabel ist nämlich an der linken und der rechten Seite mit einem USB-Anschluss ausgestattet. Als Rechtshänder sollten Sie sich für den rechten, als Linkshänder für den linken USB-Anschluss entscheiden. Alle Mac-Mäuse sind übrigens so geformt, dass sie gleichermaßen für Rechts- und Linkshänder geeignet sind.

Abb. 3.12 Die Maus wird dann an der Tastatur angeschlossen. (Foto: Apple)

Das war's auch schon. An den freien USB-Anschluss der Tastatur können Sie später alle möglichen Geräte mit USB-Anschluss anschließen, wie z. B. Ihre Digitalkamera oder einen USB-Speicherstick.

Kabellose Tastatur und Maus einschalten

Sollte Ihr Mac mit einer kabellosen Tastatur und Maus ausgestattet sein, brauchen Sie nichts weiter zu tun, als diese Geräte einzuschalten. Die kabellose Tastatur und Maus lassen sich nur dann einschalten, wenn Sie zuvor die Schutzfolie von den Batteriekontakten abgezogen haben!

Der Ein- und Ausschalter befindet sich an der rechten Seite der kabellosen Mac-Tastatur (s. auch Abb. 3.6) und ist mit einem Schalter-Symbol gekennzeichnet. Ist die Tastatur eingeschaltet, leuchtet ein grünes Lämpchen rechts oben auf der Tastatur etwa 5 Sekunden lang, um Ihnen anzuzeigen, dass die Batterien genügend Energie liefern. Danach beginnt das grüne Lämpchen zu blinken und zeigt damit an, dass die Tastatur versucht, Kontakt mit einem Mac aufzunehmen.

Der Schieber des Ein- und Ausschalters der kabellosen Mac-Maus (Mighty Mouse oder Magic Mouse) befindet sich auf der Mausunterseite und ist bei der neuen Magic Mouse, die neuerdings bei allen iMacs mit dabei ist, mit einer roten bzw. grünen Markierung gekennzeichnet.

Abb. 3.13 Der Schieber zum Einschalten befindet sich auf der Mausunterseite und ist bei der Magic Mouse (links) farbig gekennzeichnet.

Kabellose Tastatur schaltet automatisch ab

Im Gegensatz zu einer kabellosen Maus schaltet sich eine kabellose Mac-Tastatur nach etwa drei Minuten automatisch ab, wenn sie keine Funkverbindung zum Mac aufbauen kann. Sollten Sie bei der Erstinbetriebnahme Ihren Mac nach Ablauf der Drei-Minuten-Frist einschalten, müssen Sie den Einschalter der Tastatur erneut betätigen.

Optional: Netzwerk-/DSL-Kabel anschließen

Falls Sie Ihren Mac per Kabel mit dem Internet und/oder mit einem Computernetzwerk verbinden möchten, so können Sie das dafür notwendige Netzwerkkabel ruhig schon vor der Erstinbetriebnahme in den Netzwerkanschluss stecken und mit dem Kabelmodem, DSL-Modem oder der Netzwerksteckdose verbinden. Der Netzwerkanschluss ist mit dem Netzwerksymbol gekennzeichnet. Ist das Kabel eingesteckt, fragt Ihr Mac bei der Erstinbetriebnahme alle Angaben, die für die Netzwerk- bzw. DSL-Verbindung benötigt werden, automatisch ab.

Alternativ können Sie das Kabel jederzeit nachträglich anschließen und dann die Netzwerk- und/oder DSL-Verbindung herstellen. Ihr Mac unterstützt Sie dabei mit einem Assistenten, der Sie Schritt-für-Schritt bei der Einrichtung der Verbindung begleitet.

Macs sind für drahtlose Verbindungen optimiert

Kabelverbindungen ins Internet oder zu anderen Macs oder PCs müssen nicht sein! Wesentlich einfacher und komfortabler können Sie sich ohne Verbindungskabel drahtlos mit anderen Geräten, wie z. B. DSL-Routern, DSL-Modems oder anderen Macs oder PCs, verbinden. Jeder aktuelle Mac – egal, ob MacBook, iMac oder Mac mini – ist mit einer leistungsstarken Sende- und Empfangseinheit ausgestattet, mit der Sie sehr leicht schnelle Funkverbindungen zu anderen Geräten aufbauen können. Voraussetzung ist natürlich, dass die Gegenstelle auch drahtlos kommunizieren kann. Im Apple-Jargon werden diese Verbindungen als „AirPort“-Verbindungen bezeichnet. Allgemein und vor allem im PC-Bereich werden diese Funkverbindungen auch „WLAN-“ oder „WiFi-Verbindungen“ genannt. Ihr Mac beherrscht alle gängigen Funkverbindungsstandards und kann sich mit allen WiFi-fähigen Geräten verbinden.

3.3 Erstinbetriebnahme: Einschalten, Einrichten und Ausschalten

Hat sich Ihr Mac akklimatisiert, ist er an die Stromversorgung angeschlossen und mit den notwendigen Zusatzgeräten verbunden, ist der feierliche Moment des ersten Einschaltens gekommen. Lehnen Sie sich also zurück und drücken Sie den Einschaltknopf. Beim iMac und Mac Mini befindet er sich an der Rückseite des Geräts, bei allen MacBooks rechts oben neben der Tastatur.

Macs sind sehr leise
Lassen Sie sich nach dem Einschalten nicht dadurch verunsichern, dass Sie bis auf ein kurzes anfängliches Lüfterrauschen zunächst keine weiteren Betriebsgeräusche hören. Macs sind sehr leise und meist nur dann zu hören, wenn Sie eine CD oder DVD in das Laufwerk einlegen.

Ersteinrichtung mit dem Systemassistenten

Der Bildschirm leuchtet hellgrau auf, das Apple-Logo wird angezeigt, die Mac-Fanfare ertönt und es erscheint das Fenster des Systemassistenten, der Sie nun durch den gesamten Vorgang der Ersteinrichtung führt, bei der Sie den Mac zu „Ihrem" Mac machen, indem Sie ein individuelles Benutzerkonto einrichten und – wenn Sie dies möchten – alle erforderlichen Angaben zu Ihrem Internetzugang und Ihrem E-Mail-Konto eintragen.

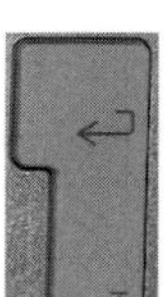

Kabellose Tastatur einschalten und anmelden
Haben Sie eine kabellose Tastatur und Maus, erkennt Ihr Mac die Geräte nach dem Einschalten automatisch und blendet ein Fenster mit dem Titel *Bluetooth-Assistent* ein. Der Bluetooth-Assistent zeigt Ihnen eine Ziffernfolge an und fordert Sie auf, diese auf Ihrer Tastatur einzugeben.

Geben Sie die Ziffern ein und drücken Sie die Eingabetaste. Sie haben damit die Tastatur angemeldet und werden vom Bluetooth-Assistenten nie wieder behelligt.

Falls Ihr Mac mit einer iSight-Kamera ausgestattet ist – dies ist bei allen MacBooks und iMacs der Fall –, nimmt der Assistent sogar ein Foto von Ihnen auf, das dann automatisch Ihrem Adressbucheintrag und Ihrem Benutzerkonto hinzugefügt wird.

Sichern Sie Ihr Benutzerkonto mit einem Kennwort

Bei der Einrichtung tragen Sie sich als Benutzer ein und geben Ihrem Benutzerkonto einen Benutzernamen, den Sie frei bestimmen können. Dabei fragt der Systemassistent auch nach einem Kennwort für das Benutzerkonto. Sie müssen Ihrem Konto kein Kennwort zuordnen, sollten dies aus Sicherheitsgründen aber tun. Ihr Mac fragt dann bei wichtigen Systemänderungen und Installationen aus dem Internet das Kennwort ab, um sicherzustellen, dass Sie den jeweiligen Vorgang auch tatsächlich ausgeführt haben möchten.

Schritt-für-Schritt mit dem Assistenten

Vertrauen Sie bei der Einrichtung dem Assistenten. Falls Sie gleich zu Beginn die E-Mail- und Internetanmeldung mit erledigen möchten, halten Sie die erforderlichen Anmeldedaten bereit: E-Mail-Adresse, Kontotyp und Kennwort sowie den Namen und die Zugangsdaten Ihres Internetanbieters. Sie können dies aber auch ruhig etwas später erledigen. Wie, zeigen wir Ihnen im Kapitel „Mac-Online".

Und so verwenden Sie den Assistenten: Folgen Sie den Anweisungen und tragen Sie die erforderlichen Angaben mit der Tastatur in die entsprechenden Felder des Assistenten ein. Ein pulsierender Längsstrich – die Einfügemarke – zeigt Ihnen dabei, an welcher Stelle der Buchstabe, den Sie mit der Tastatur eingeben, eingefügt wird.

Von einem Eingabefeld zum anderen wechseln Sie mit der Tab-Taste Ihrer Tastatur, die mit einem nach rechts weisenden Pfeil und einem kleinen Längsstrich gekennzeichnet ist. Alternativ können Sie auch mit der Maus oder dem Trackpad, dem Mausersatz Ihres MacBooks, in das gewünschte Eingabefeld klicken.

Einzelheiten zur Tastatur- und Mausbedienung im Folgekapitel

Falls Sie bisher noch keinen Computer benutzt haben und sich mit der Tastatur und der Maus- bzw. Trackpad-Bedienung nicht auskennen, so finden Sie alle wichtigen Informationen dazu im folgenden Kapitel. Dabei weisen wir Sie selbstverständlich auch auf die Mac-Besonderheiten bei der Maus- und Trackpad-Bedienung hin.

Den Assistenten selbst bedienen Sie mit der Maus oder dem Trackpad. Mit der Maus oder dem Trackpad können Sie bestimmte Optionen auswählen und zum nächsten Fenster des Assistenten wechseln, indem Sie auf das Auswahlfeld der gewünschten Optionen und auf die ovale Taste oder Schaltfläche *Fortfahren* klicken.

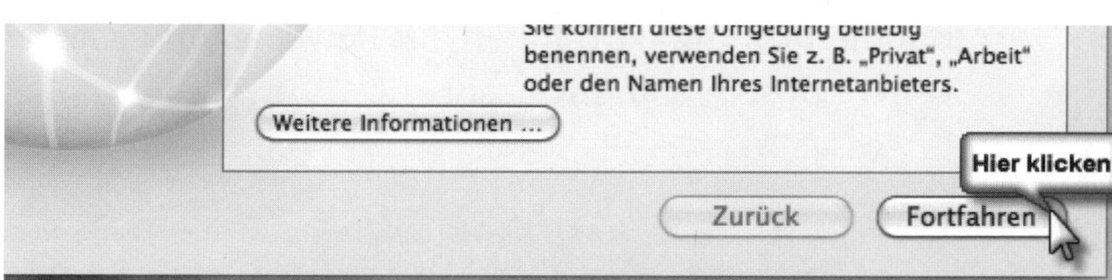

Abb. 3.14 Mit einem Klick auf die Taste *Fortfahren* wechseln Sie auf die Folgeseite des Assistenten.

Ersteinstig: Klicken mit Maus oder Trackpad

Sollten Sie bisher noch nie mit einer Maus oder einem Trackpad gearbeitet haben und ein echter „Ersteinsteiger“ sein, folgen hier exklusiv für Sie ein paar kurze Erläuterungen zum Klicken mit der Maus oder dem Trackpad:

Mit der Maus bewegen Sie einen kleinen Zeiger auf dem Bildschirm, den Mauszeiger. Jede Bewegung der Maus wird in Richtung und Geschwindigkeit direkt auf den Mauszeiger übertragen: Bewegen Sie die Maus langsam nach rechts, bewegt sich auch der Mauszeiger langsam nach rechts, bewegen Sie die Maus schnell nach links, bewegt sich auch der Mauszeiger schnell nach links und so weiter.

Probieren Sie es aus, bewegen Sie den Mauszeiger über den Bildschirm und führen Sie den Zeiger auf verschiedene Elemente, die Ihnen angezeigt werden.

Sinn und Zweck von Maus und Mauszeiger ist es, bestimmte Elemente auszuwählen und zu aktivieren. Im Falle des Systemassistenten, der Ihnen jetzt auf dem Bildschirm angezeigt wird, ist dies z. B. das Anklicken der *Fortfahren*-Taste. Dieses bewerkstelligen Sie, indem Sie den Mauszeiger auf die Taste führen und dann die Maus im oberen Drittel einmal kurz drücken. Am besten verwenden Sie dazu Ihren Zeigefinger.

Probieren Sie es aus, es ist ganz einfach. Bereits nach ein paar Minuten Übung wird Ihnen das Bewegen und Klicken der Maus völlig selbstverständlich sein.

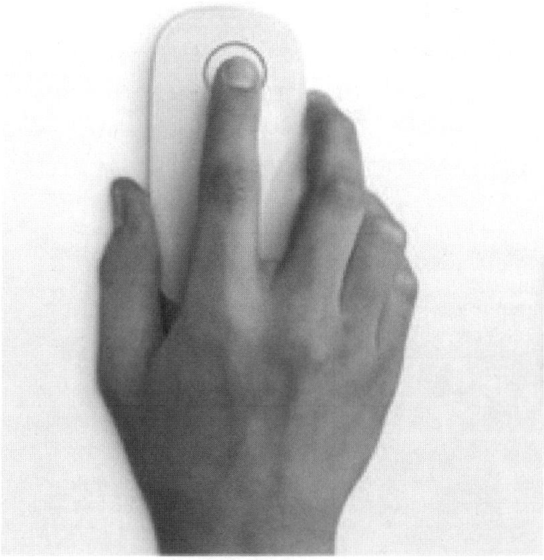

Abb. 3.15 Beim Klicken drücken Sie im oberen Bereich der Maus einmal kurz mit dem Zeigerfinger. (Foto: Apple)

Wenn Sie ein MacBook haben, bewegen Sie den Mauszeiger nicht mit der Maus, sondern mit dem Trackpad, dem großen, rechteckigen Bereich, der sich unterhalb der Tastatur des MacBooks befindet. Wenn Sie Ihren Zeigefinger auf dem Trackpad bewegen, folgt der Mauszeiger auf dem Bildschirm exakt der Bewegung Ihres Zeigefingers.

Probieren Sie es aus, führen Sie den Mauszeiger über den Bildschirm und bewegen Sie ihn auf verschiedene Elemente Ihres Bildschirms.

Genau wie mit der Maus können Sie auch mit dem Trackpad klicken – schließlich müssen Sie damit ja auch Elemente auswählen und aktivieren können. Das Klicken erfolgt auch beim Trackpad durch Drücken. Haben Sie ein MacBook oder ein MacBook Pro, drücken Sie auf dem gesamten Trackpad einmal kurz im unteren oder oberen Bereich. Sie können dazu den Daumen oder den Zeigerfinger verwenden. Haben Sie ein MacBook Air, drücken

Sie einmal kurz mit dem Daumen auf die Trackpadtaste, die sich am unteren Rand des Trackpads befindet.

Probieren Sie es aus: Führen Sie den Mauszeiger auf die *Fortfahren*-Taste des Assistenten und klicken Sie mit dem Trackpad.

Abb. 3.16 Der Mauszeiger folgt der Bewegung Ihres Zeigefingers auf dem Trackpad. (Foto: Apple)

Weitere Bedienungsmöglichkeiten im Folgekapitel
Die Maus und vor allem das Trackpad bieten noch einige zusätzliche Bedienungsmöglichkeiten. Allen voran die Gestensteuerung, die Apple ursprünglich für das iPhone entwickelt und dann auf das Trackpad und die neue Magic Mouse übertragen hat. Wie die Gestensteuerung funktioniert und welche anderen Bedienungsmöglichkeiten es gibt, erfahren Sie im Folgekapitel.

Abschluss der Ersteinrichtung

Da Sie bei der Inbetriebnahme keine Programme installieren oder deinstallieren oder irgendwelche Systemkonfigurationen vornehmen müssen, ist die Ersteinrichtung in wenigen Minuten erledigt. Alles, was Sie für den Einsatz benötigen, ist bereits vorhanden und so voreingestellt, dass Sie sofort loslegen können. Selbst eine Grundausstattung sehr nützlicher Programme ist bereits mit dabei.

Haben Sie alle erforderlichen Angaben gemacht und fleißig auf die *Fortfahren*-Taste geklickt, meldet der Assistent den Abschluss der Ersteinrichtung. Der Bildschirm zeigt Ihnen dann zum ersten Mal die eigentliche Benutzeroberfläche an, über die Sie Ihren Mac bedienen und die von nun an jedes Mal erscheint, wenn Sie ihn einschalten.

Alle Details zur Benutzeroberfläche erfahren Sie in Kapitel 5, in dem Sie, falls Sie den Mac jetzt nicht ausschalten möchten, direkt weiterlesen können.

Abb. 3.17 Nach Abschluss des Einrichtungsvorgangs erscheint die eigentliche Benutzeroberfläche.

So schalten Sie Ihren Mac aus

Wollen Sie hingegen eine Pause machen, schalten Sie den Mac jetzt aus. Wenn Sie bei einem Mac mini oder iMac dafür den Ein- und Ausschalter benutzen, versetzen Sie ihn – wie bereits erwähnt – nur in einen Ruhezustand, aus dem Sie ihn mit einem Mausklick oder einem Tastendruck wieder aufwecken können.

Der Ruhezustand ist für eine kurze Unterbrechung sehr gut geeignet, da Sie dann keine Programme schließen müssen und nach dem Aufwachen Ihres Macs auf dem Bildschirm alles wieder genauso vorfinden, wie es vorher war. Allerdings verbraucht Ihr Mac während des Ruhezustands immer noch ein wenig Strom.

Über Nacht und bei längeren Unterbrechungen sollten Sie das Gerät daher besser komplett ausschalten, was auf diese Weise funktioniert:

Sie führen den Mauszeiger auf das Apple-Symbol, das Sie oben in der linken Ecke des Bildschirms sehen, und klicken auf das Symbol. Es öffnet sich eine Liste mit mehreren Einträgen. In diesem „Menü" – so lautet der Fachbegriff für eine derartige Liste – klicken Sie nun auf den Eintrag *Ausschalten*.

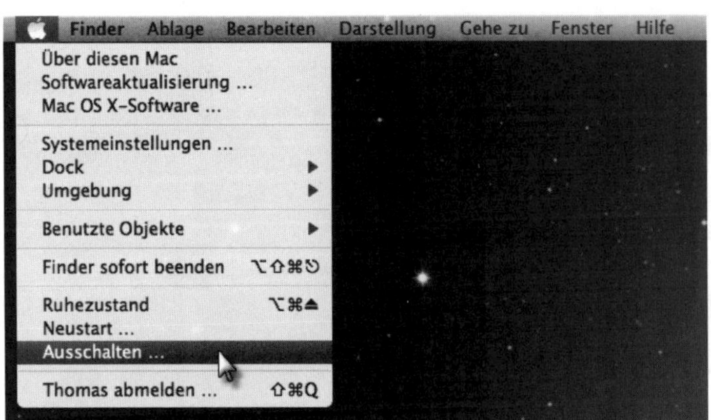

Abb. 3.18 Um iMac oder Mac mini richtig auszuschalten, öffnen Sie das Apple-Menü und klicken dort auf den Eintrag *Ausschalten*.

Auf dem Bildschirm erscheint ein kleines Fenster mit der Frage, ob Sie den Computer jetzt ausschalten möchten. Klicken Sie auf die Taste *Ausschalten*, wird der Mac sofort ausgeschaltet. Tun Sie nichts, schaltet sich er sich nach einer Minute automatisch aus.

Abb. 3.19 Mit einem Klick auf die Taste „Ausschalten" beschleunigen Sie den Ausschaltvorgang.

Bei einem MacBook wählen Sie zum Ausschalten den Ein- und Ausschalter. Es erscheint ein kleines Fenster mit der Frage, ob Sie den Computer ausschalten möchten. Ihnen stehen dort die Alternativen *Neu starten, Ruhezustand, Abbrechen* und *Ausschalten* zur Verfügung. Wollen Sie nur eine kurze Unterbrechung, klicken Sie auf Ruhezustand, soll das Gerät länger oder gar über Nacht nicht in Betrieb sein, klicken Sie auf die Taste *Ausschalten*.

Abb. 3.20 Klicken Sie bei einem MacBook auf den Ein- und Ausschalter, erscheint dieses Auswahlfenster.

Kapitel 4

Die Mac-Bedieninstrumente im Überblick

Zugegeben: Der Begriff „Bedieninstrumente“ klingt ein wenig merkwürdig. Vielleicht weil er an das Cockpit eines Flugzeugs erinnert – was aber gar nicht so abwegig ist. Denn genau wie sich ein Flugzeug nicht nur mit einem einzigen „Instrument“, wie etwa dem Steuerknüppel, bedienen lässt, bedienen Sie auch Ihren Mac mit mindestens zwei Instrumenten – der Tastatur und der Maus oder dem Trackpad. Beim Musikhören und Anschauen von Fotos, Videos oder DVDs kommt vielleicht noch ein weiteres „Bedieninstrument“ hinzu – die Fernbedienung Apple Remote.

In diesem Kapitel stellen wir Ihnen alle wichtigen Grundlagen zu den Bedieninstrumenten vor. Hier lernen Sie die Tastatur und ihre Sondertasten kennen, bekommen eine Einführung in die Eigenarten der Mighty und der Magic Mouse, machen sich mit der legendären Gestensteuerung des Trackpads vertraut, und es wird gezeigt, wie die Apple Remote-Fernbedienung eingesetzt werden kann.

Viele dieser Grundlageninformationen werden Ihnen erst dann nützlich sein, wenn Sie sich bereits ein wenig mit Ihrem Mac beschäftigt und eingearbeitet haben. Dieses Kapitel ist daher ausdrücklich zum Durchblättern und Nachschlagen gedacht.

4.1 Tastatur: Mac-Tasten und Tastenkombinationen

Die Tastatur dient nicht nur zur Texteingabe, sondern ist auch ein Bedieninstrument. Genau wie mit der Maus oder dem Trackpad können Sie den Mac mit der Tastatur steuern und z. B. anweisen, bestimmte Aktionen auszuführen, Programme zu schließen oder eine CD auszuwerfen, die sich im CD-Laufwerk befindet. Einige Funktionen lassen sich mit einem einzigen Tastendruck aufrufen, andere mit einer Tastenkombination – oder „Kurzbefehl" wie es im Mac-Jargon heißt –, wieder andere in Kombination mit der Maus oder dem Trackpad.

Ihnen fallen sicher sofort viele Tasten ins Auge, die nicht mit einem Buchstaben, sondern mit Symbolen gekennzeichnet sind. Die wichtigsten Sondertasten haben wir in der Übersichtsgrafik benannt. Welche Funktionen diese Sondertasten haben, erfahren Sie in den folgenden Abschnitten.

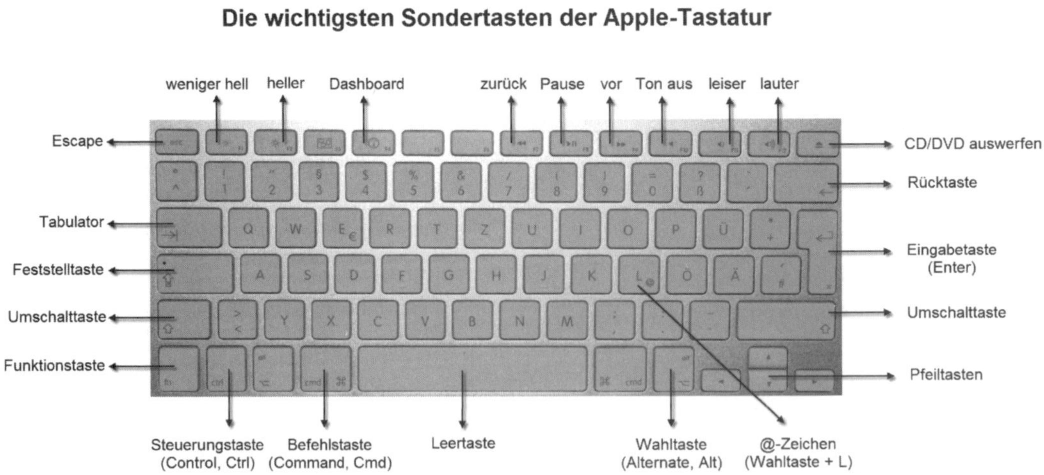

Abb. 4.1 Mac-Tastatur im Überblick

Mac-Tastatur mit und ohne Nummernblock

Sollte Ihre Mac-Tastatur etwas größer als die Tastatur der Abbildung und mit einem zusätzlichen „Nummernblock" ausgestattet sein, so sind die Sondertasten des eigentlichen Tastenfeldes dennoch identisch angeordnet. Lediglich die Pfeiltasten befinden sich an anderer Stelle zwischen dem Tastenfeld und dem Nummernblock. Haben Sie ein MacBook, so gibt es keinen Unterschied zur hier abgebildeten kabellosen Tastatur, die bei den aktuellen iMacs gleich mitgeliefert wird, die Sie aber auch separat erwerben und nachträglich mit Ihrem Mac verbinden können.

Abb. 4.2 Egal, ob mit Nummernblock (o.), kabellos (u. l.) oder auf dem MacBook (u. r.) – das eigentliche Tastenfeld ist (fast) identisch.

Texteingabe: Buchstaben und Sonderzeichen

Bei der Texteingabe müssen Sie außer den normalen Buchstabentasten auch Sondertasten verwenden – Großbuchstaben, Leerstellen, Absätze und Sonderzeichen lassen sich nur unter Zuhilfenahme ganz bestimmter Sondertasten erzeugen.

Standardtasten bei der Texteingabe

Mit der [⇧]-Taste wechseln Sie zur Großschreibung. Normalerweise erscheint jeder eingegebene Buchstabe in Kleinschreibung. Drücken Sie zusätzlich gleichzeitig die Umschalttaste, erzeugen Sie einen Großbuchstaben. Bei Tasten, die doppelt belegt sind, zum Beispiel die Zifferntaste, geben Sie mit der Umschalttaste die obere Belegung ein – also [!], [„] oder [§].

Mit der [Feststelltaste] rasten Sie die Großschreibung ein. Es erscheinen so lange Großbuchstaben, bis Sie die Feststelltaste erneut drücken. Ein grünes Lämpchen auf der Feststelltaste zeigt Ihnen an, dass diese aktiv ist.

Mit der [Leertaste] erzeugen Sie eine Leerstelle. Bei der Eingabe von Text ist zu beachten, dass Wörter, Sätze oder Absätze nicht (!) mit der Leertaste eingerückt werden. Das Programm stellt Ihnen für das Einrücken eine eigene Funktion zur Verfügung.

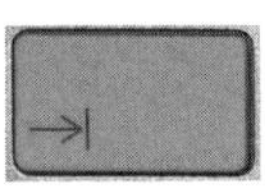

Alternativ können Sie Wörter, Sätze oder Absätze auf jeden Fall mit der [⇆]-Taste einrücken, wenn Sie einen Text schreiben. Außerhalb der Texteingabe können Sie mit der [⇆]-Taste von einer Auswahloption zur nächsten wechseln oder ein Eingabefeld nach dem anderen anwählen.

Mit der [↵] erzeugen Sie bei der Texteingabe einen Absatz. Außerdem werden mit der Eingabetaste Befehle oder Optionen ausgeführt. Die Eingabetaste wird auch als Enter-Taste bezeichnet.

Mit der [←] löschen Sie den Buchstaben oder das Zeichen, das sich links von der Einfügemarke befindet.

Mit den Pfeiltasten bewegen Sie die Einfügemarke. Alternativ können Sie die Maus oder das Trackpad verwenden. Wenn Sie innerhalb Ihres Textes auf eine bestimmte Stelle klicken, „saust“ die Einfügemarke dorthin.

Standardtasten sind bei Mac und PC identisch

Die bisher erwähnten Standardtasten sind bei Mac und PC vollkommen identisch – Sie finden sie auf jeder PC-Tastatur. Die Texteingabe funktioniert daher auf Mac und PC auf exakt die gleiche Weise.

Sonderzeichen mit Wahltaste

Auf der Mac-Tastatur gibt es auf den Buchstabentasten [E] und [L] zwei Sonderzeichen, die Sie recht häufig benötigen werden – das Eurozeichen € und den Klammeraffen @, der bei E-Mail-Adressen (z. B. name@e-mail-server.de) verwendet wird. Um diese beiden Sonderzeichen verwenden zu können, drücken Sie zusätzlich nicht die Umschalttaste, sondern die Wahltaste. Also: [Wahltaste] + [E] ergibt € und [Wahltaste] + [L] ergibt @.

Auch wenn diese nicht auf den Tasten angegeben sind, können Sie unter Zuhilfenahme der Wahltaste viele andere Sonderzeichen erzeugen, unter anderem z. B. ® ([Wahltaste] + [R]), © ([Wahltaste] + [G]) und ≤ ([Wahltaste] + [<]). Eine Übersicht der möglichen Sonderzeichen zeigt die folgende Abbildung (s. Abb. 4.3).

Noch mehr Sonderzeichen und Symbole

Viele Programme, wie z. B. die Textverarbeitungsprogramme Pages und Word oder die Kalkulationsprogramme Numbers und Excel, bieten Ihnen eine eigene Funktion zum Einfügen von Sonderzeichen und Symbolen, über die Sie noch eine wesentlich größere Auswahl zur Verfügung haben.

Abb. 4.3 Die Sonderzeichen der Mac-Tastatur – oben mit Umschalt-, unten mit Wahltaste.

Mac-Bedienungstasten: Funktionen und Einsatzbereiche

Die meisten Bedienungstasten befinden sich in der oberen Reihe der Tastatur. Einige Symbole dieser Tasten werden Sie sicherlich bereits kennen oder auf anderen Geräten gesehen haben.

Mit der [Esc]-Taste („Escape“) können Sie die Ausführung von Programmabläufen unterbrechen oder komplett abschalten. Die [Esc]-Taste kommt häufig auch dann zum Einsatz, wenn die Darstellung eines Programmfensters geändert werden soll: Sehen Sie sich über das Internet z. B. ein Video im Vollbildmodus an, schalten Sie mit der [Esc]-Taste wieder zurück in die verkleinerte Darstellung des Videofensters.

Abb. 4.4 Mit der [Esc]-Taste können Sie z. B. die Vollbilddarstellung eines Videos zur Fensterdarstellung umschalten.

Diese beiden Tasten regeln die Darstellungshelligkeit. Wenn Sie eine der beiden Tasten drücken, erscheint ein transparentes Fenster mit einem Sonnensymbol, unter dem sich eine Skala befindet, die Ihnen den Grad der Bildschirmhelligkeit anzeigt. Mit den beiden Helligkeitstasten können Sie nun die Helligkeit regeln. Probieren Sie es aus und stellen Sie Ihren Bildschirm optimal ein!

Abb. 4.5 Drücken Sie auf eine der beiden Helligkeitstasten, erscheint dieses kleine Fenster.

Mit der `Dock-Exposé`-Taste werden Ihnen alle geöffneten Fenster in einer Kleindarstellung nebeneinander angezeigt und erscheinen in einer Symboldarstellung unter einem Trennstrich. Mithilfe der Dock-Exposé-Darstellung können Sie schnell und gezielt auf ein bestimmtes Programmfenster zugreifen, wenn Sie viele Fenster und Programme geöffnet haben.

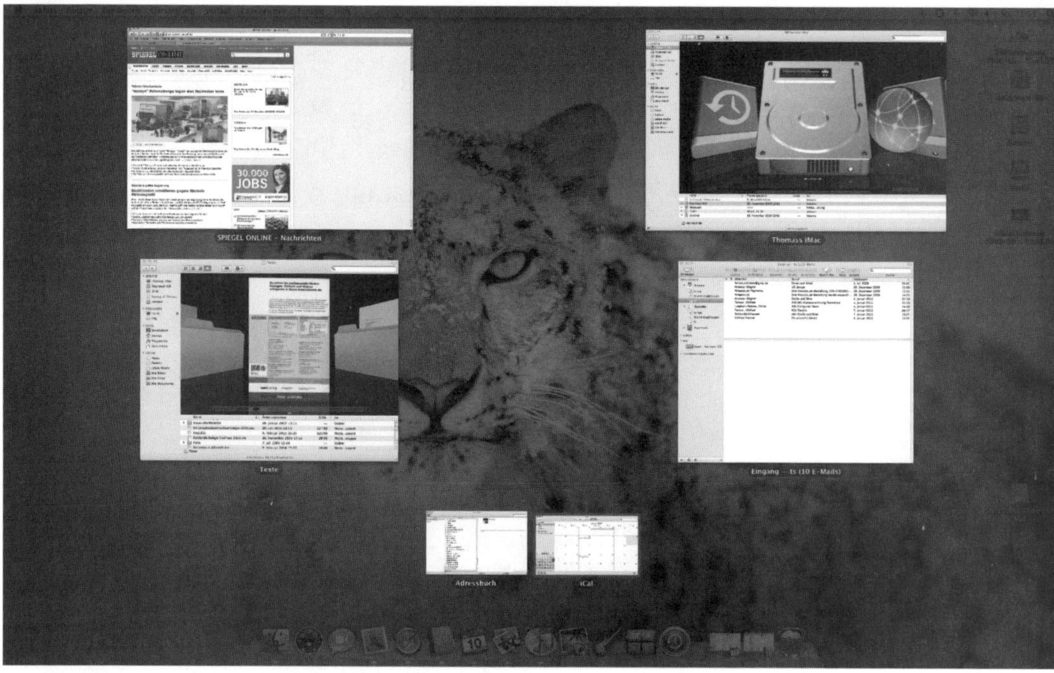

Abb. 4.6 Die Dock-Exposé-Darstellung zeigt Ihnen alle geöffneten Programmfenster im Überblick.

Die Dashboard-Taste – „Dashboard" heißt Armaturenbrett – blendet eine Sammlung kleiner Zusatzprogramme ein. Typischerweise handelt es sich dabei um Miniprogramme wie Taschenrechner, Wetteranzeigen, Aktienbarometer, Übersetzungshilfen und Notizzettel oder Informationsdienste wie Bahnfahrplan- oder Telefonauskunft. Diese Widgets legen sich einfach über die aktuelle Bildschirmdarstellung und können so völlig unabhängig von allen anderen Programmen, die Sie gerade verwenden, eingesetzt werden. Drücken Sie die Dashboard-Taste erneut, verschwinden die Widgets wieder.

> **Mehr Widgets über das Internet**
> Die Auswahl der Widgets bestimmen Sie selbst. Ihr Mac stellt Ihnen bereits mehr als zwei Dutzend Wigdets zur Verfügung. Im Internet stehen mehrere Hundert Widgets für Sie bereit. Wie Sie Widgets herunterladen und mit ihnen umgehen, erfahren Sie in Kapitel 6.

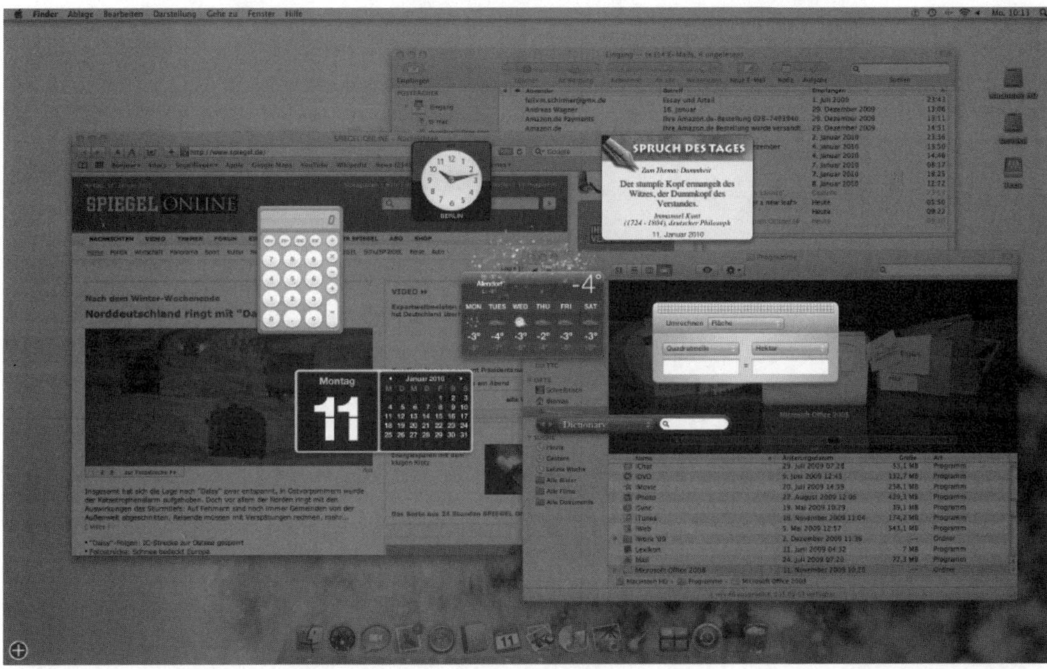

Abb. 4.7 Mit der Dashboard-Taste blenden Sie die Zusammenstellung der Widgets-Miniprogramme ein.

Die Tasten mit den Dreiecksymbolen sind Ihnen mit Sicherheit bereits bekannt. Sie werden auf vielen Fernbedienungen von CD-, DVD- oder MP3-Abspielgeräten verwendet und kennzeichnen das Vor- und Zurückschalten einzelner Titel oder Abschnitte sowie das Unterbrechen bzw. Fortsetzen des Abspielvorgangs. Bei Ihrem Mac steuern Sie mit diesen Tasten die Musik- und Videowiedergabe bei iTunes und anderen Abspielprogrammen.

Abb. 4.8 Mit den Dreiecksymbolen steuern Sie z. B. die Wiedergabe bei iTunes, dem Musik- und Videoprogramm.

Und auch die drei Tasten mit dem kleinen Lautsprechersymbol dürften Ihnen bereits bekannt sein. Damit regeln Sie – wie könnte es auch anders sein – die Gesamtlautstärke der Audiowiedergabe (Ton aus, leiser, lauter). Jeder Mac, selbst der Mac mini, ist mit Lautsprechern ausgestattet. Falls Sie externe Lautsprecher oder eine komplette HiFi-Anlage angeschlossen haben, regeln Sie mit den Lautstärketasten die Ausgangslautstärke. Wenn Sie eine der drei Tasten drücken, erscheint – genau wie bei der Helligkeitsregelung – ein transparentes Fenster mit einem Lautsprechersymbol und einer Skala, die Sie mit den Lautsprechertasten regeln.

Abb. 4.9 Drücken Sie eine der Lautsprechertasten erscheint die Lautstärkeregelung auf Ihrem Bildschirm.

Und auch die Taste, die sich ganz rechts in der oberen Reihe der Tastatur befindet, ist mit einem Standardsymbol gekennzeichnet, das Ihnen auf vielen Fernbedienungen sowie Audio- und Videoabspielgeräten begegnet – das Symbol zum Auswerfen einer CD oder DVD. Es ist Ihnen wahrscheinlich aufgefallen, dass Ihr Mac keinen Schalter zum Auswerfen einer CD oder DVD besitzt. Wenn Sie eine CD oder DVD in das Laufwerk einlegen, wird sie automatisch eingezogen. Um sie wieder aus dem Laufwerk herauszubekommen, müssen Sie die Taste zum Auswerfen drücken.

Abb. 4.10 Da der Mac keinen speziellen Schalter zum Auswerfen einer CD oder DVD hat, verwenden Sie dafür normalerweise die Auswerfen-Taste.

Für Experten: Alternativen zur Auswerfen-Taste

Die Auswerfen-Taste ist nicht die einzige Möglichkeit, eine CD oder DVD aus dem Laufwerk zu bekommen. Der Datenträger wird auch herausgegeben, wenn Sie beim Einschalten und Hochfahren die Maus gedrückt halten, wenn Sie das Laufwerkssymbol anklicken und die Tastenkombination Befehlstaste [⌘] + [e] drücken oder im Kontextmenü des Laufwerkssymbols, das Sie mit der Tastenkombination [Ctrl] + Mausklick aufrufen, den Auswerfen-Eintrag anklicken.

Kurzbefehle mit der Befehlstaste [⌘] und der [Ctrl]-Taste

Jetzt fehlen nur noch die Befehlstaste [⌘] und die Steuerungstaste [Ctrl], die nur in Verbindung mit mindestens einer anderen Taste eingesetzt werden. Beide Tasten – vor allem aber die Befehlstaste [⌘] – werden bei einem Mac für sogenannte Kurzbefehle verwendet.

Normalerweise benutzen Sie die Maus, um Menüs zu öffnen und Einträge anzuklicken, Optionen in Dialogfenstern anzuwählen oder auf Symboltasten zu klicken. Häufig müssen Sie dabei mehrere Menüs oder Dialogfenster öffnen, um die Einträge oder Optionen auswählen zu können, die Sie benötigen. Diese manchmal etwas umständliche Bedienung können Sie sich ersparen, indem Sie Kurzbefehle verwenden, die mit einer bestimmten Tastenkombination ausgelöst werden.

Wenn Sie z. B. mit dem Finder, dem Datei- und Programmverwaltungsprogramm Ihres Macs, eine Datei von der Festplatte auf einen USB-Stick kopieren möchten, markieren Sie die gewünschte Datei mit der Maus, öffnen das *Bearbeiten*-Menü in der Menüleiste, wählen den *Kopieren*-Eintrag, klicken in das Finder-Fenster des USB-Sticks, öffnen den Ordner, in den die Datei kopiert werden soll, öffnen wieder das *Bearbeiten*-Menü in der Menüleiste und klicken dort schließlich auf den *Einfügen*-Eintrag. Verwenden Sie hingegen statt der Menübefehle jeweils die Kurzbefehle ⌘ + C und ⌘ + V, ersparen Sie sich einen Teil dieser Klickarbeit.

Kurzbefehle gibt es in allen Programmen, die Sie verwenden. Sie könnten im Extremfall also mit Hunderten von Kurzbefehlen arbeiten, die Sie alle auswendig wissen müssten. Das ist natürlich nicht Sinn der Sache. Sinnvoll ist es hingegen, dass Sie sich im Laufe der Zeit ein kleines Repertoire von Kurzbefehlen für die Aktionen aneignen, die Sie immer wieder benötigen. Sei es zum Kopieren und Einfügen von Dateien, zum Markieren kompletter Textpassagen oder zum Schließen von Programmfenstern.

Damit Sie den einen oder anderen Kurzbefehl anwenden können, ist bei den Programmen dem Menüeintrag auch der entsprechende Kurzbefehl mitgegeben – wenn dieser existiert. Wenn Sie z. B. das Finder-Menü öffnen, sehen Sie einen Kurzbefehl zum Entleeren des Papierkorbs (⇧ + ⌘ + ←), aber keinen zum sicheren Entleeren. Außerdem sehen Sie auch Kurzbefehle, bei denen Sie drei Tasten gleichzeitig drücken müssen (s. Abb. 4.11).

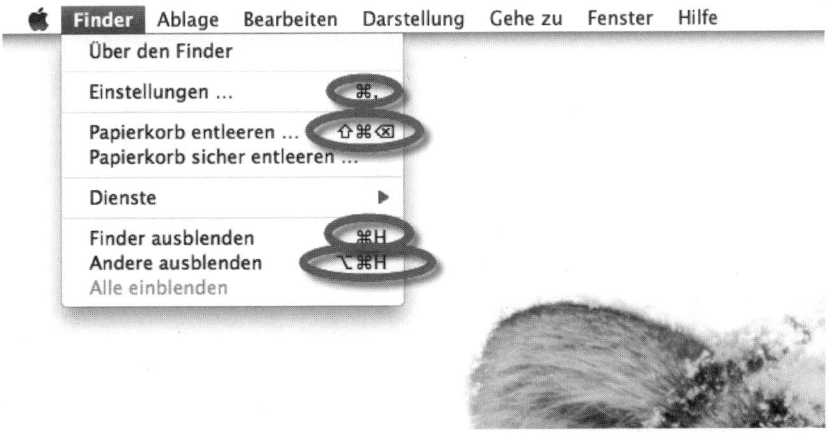

Abb. 4.11 Die Kurzbefehle sind bei den Menüeinträgen immer mit angegeben.

Wenn Sie sich zur Gewohnheit machen, beim Anklicken von Menüeinträgen auf die Kurzbefehle zu achten und diese probehalber einzusetzen, werden Sie sich einige davon schnell einprägen.

Gute Dienste leisten folgende häufig eingesetzte Kurzbefehle, auf die wir Sie in den Praxiskapiteln dieses Buches immer wieder hinweisen:

⌘ + c > Datei oder Markierung kopieren

⌘ + v > Datei oder Markierung einfügen

⌘ + x > Datei oder Markierung ausschneiden

⌘ + a > Alles markieren (z. B. gesamten Text, oder kompletten Ordnerinhalt)

⌘ + w > aktives Fenster schließen

⌘ + m > aktives Fenster minimieren und im Dock ablegen

⌘ + q > aktives Programm beenden

⌘ + i > Informationsfenster einblenden

⌘ + ? > Mac-Hilfe aufrufen

Ctrl + Mausklick auf ein Objekt zeigt das Kontextmenü des Objektes an.

Ctrl + Auswerfen > Dialogfenster zum Ausschalten aufrufen

Kurzfehle sind standardisiert

Kurzbefehle funktionieren programmübergreifend. Identische Aktionen werden immer mit den gleichen Kurzbefehlen ausgeführt. Wenn Sie sich also einmal den Kurzbefehl ⌘ + a gemerkt haben, mit dem Sie „Alles markieren“ können, so funktioniert dieser Kurzbefehl in allen Mac-Programmen: In iTunes markieren Sie damit z. B. eine komplette Playliste, in Pages den Text und in Numbers eine Tabelle.

Haben Sie sich erst einmal an Ihren Mac gewöhnt, werden Sie ganz oft nicht nur mit einem einzigen Programm, sondern mit mehreren Programmen gleichzeitig arbeiten. Der Kurzbefehl, den Sie dann sehr gut gebrauchen können – und unser ganz persönlicher Favorit –, ist die Tastenkombination ⌘ + ⇥, mit der Sie auf folgende Weise ganz schnell von einem Programmfenster zu einem anderen wechseln können:

Wenn Sie die Tastenkombination ⌘ + ⇥ drücken und ⌘ gedrückt halten, erscheint ein transparentes Fenster, das Ihnen für jedes Programmfenster ein großes Programmsymbol zeigt (s. Abb. 4.12). Durch zusätzliches Drücken der ⇥-Taste können Sie die Symbole nun anwählen. Lassen Sie die ⌘ los, „landen" Sie im Programmfenster, dessen Symbol Sie gerade angewählt haben.

Probieren Sie diesen Kurzbefehl aus, wenn Sie mehrere Programmfenster geöffnet haben! In der Praxis funktioniert dies wesentlich einfacher, als es hier klingt, und es ist die beste Möglichkeit, schnell von einem Programmfenster zum anderen zu wechseln.

Abb. 4.12 Im Programmsymbolfenster wechseln Sie mit der ⇥-Taste von einem Symbol zum nächsten.

4.2 Mausbedienung: Mighty und Magic Mouse

Ein Zeigeinstrument ist unverzichtbar. Sie führen die meisten Aktionen – abgesehen von der Text- und Zeicheneingabe – durch „Zeigen und Auswählen" mit der Maus oder dem Trackpad aus.

Mausbedienung allgemein

Normalerweise ist Ihr Mac entweder mit einer Mighty Mouse, die es mit und ohne Kabel gibt, oder bereits mit einer neuen kabellosen Magic Mouse ausgestattet. Um welche Maus es sich handelt, können Sie anhand der folgenden Abbildung leicht identifizieren: Links sehen Sie die etwas klobigere Mighty Mouse, rechts die schlanke Magic Mouse mit ihrem Untergehäuse aus Aluminium.

Abb. 4.13 Links sehen Sie die Mighty Mouse, rechts die Magic Mouse.

Andere Maus? Kein Problem!
Sollte Ihnen die mitgelieferte Maus – aus welchen Gründen auch immer – nicht zusagen, können Sie auch so gut wie jede beliebige andere Maus anschließen. Dabei kann es sich ruhig um eine PC-Maus handeln. Ihr Mac erkennt so gut wie alle USB-, Bluetooth- und Funkmäuse automatisch.

Selbst wenn Sie zum ersten Mal mit einer Maus umgehen, wird Ihnen die grundsätzliche Mausbedienung – das Steuern des Mauszeigers auf dem Bildschirm durch die Bewegung der Maus und das Auswählen oder Aktivieren von Einträgen oder grafischen Objekten durch Klicken oder Doppelklicken – ganz schnell völlig intuitiv von der Hand gehen.

Apropos Hand. Legen Sie Ihre Hand ganz entspannt so auf das Mausgehäuse, dass Daumen, Ringfinger und kleiner Finger neben und Zeige- und Mittelfinger oben auf dem Gehäuse liegen (s. Abb. 4.14.). Die Maus ist ergonomisch so geformt, dass sie die Hand bei dieser Haltung unterstützt.

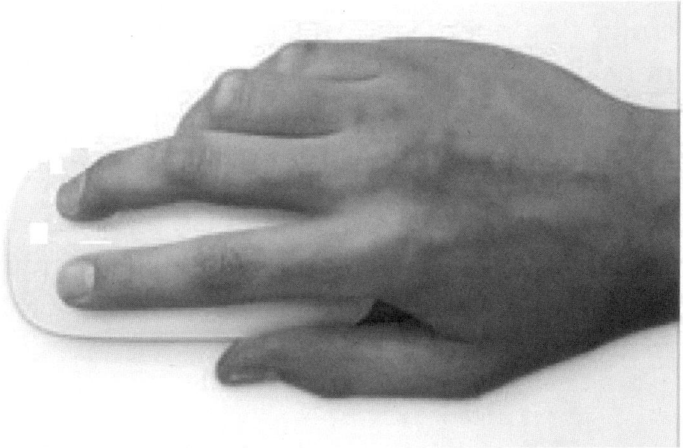

Abb. 4.14 So sollte Ihre Hand auf der Maus liegen. (Foto: Apple)

Zum Klicken benutzen Sie normalerweise Ihren Zeigefinger, Sie können zunächst aber ruhig mit beiden Fingern drücken.

Beide Mäuse eignen sich aufgrund ihrer symmetrischen Form sowohl für Rechts- als auch für Linkshänder. Da beim Klicken die gesamte Maus verwendet wird und es daher – anders als bei einer PC-Maus, die Sie ja vielleicht bereits benutzt haben – keine linke und rechte Maustaste gibt, ist egal, ob Sie für die Bedienung die rechte oder linke Hand verwenden.

Maustasten doch vorhanden

Auch wenn es nicht so aussieht, lassen sich beide Mac-Mäuse so einstellen, dass Sie mit einer linken und rechten Maustaste arbeiten können. Beide Mäuse sind mit entsprechenden Sensoren ausgestattet, die Sie nur zu aktivieren brauchen, um dann einen Links- oder Rechtsklick ausführen zu können. Wie Sie dies bewerkstelligen und warum dies sinnvoll sein kann, erfahren Sie in Kapitel 6. Dort zeigen wir Ihnen auch, wie sich alle anderen Eigenschaften Ihrer Maus einstellen lassen – z. B. die Geschwindigkeit der Zeigerbewegung und des Doppelklicks.

Soviel zur Grundbedienung. Bei beiden Mac-Mäusen gibt es aber einige Besonderheiten, die Sie vielleicht noch nicht kennengelernt haben.

Die „mächtige" Mighty Mouse

Wie Ihnen sicher bereits aufgefallen ist, hat Ihre Mighty Mouse eine kleine Zusatzausstattung – eine kleine graue Kugel im oberen Bereich des Gehäuses, den sogenannten Scroll-Ball, sowie seitlich zwei Tasten, eine links und eine rechts.

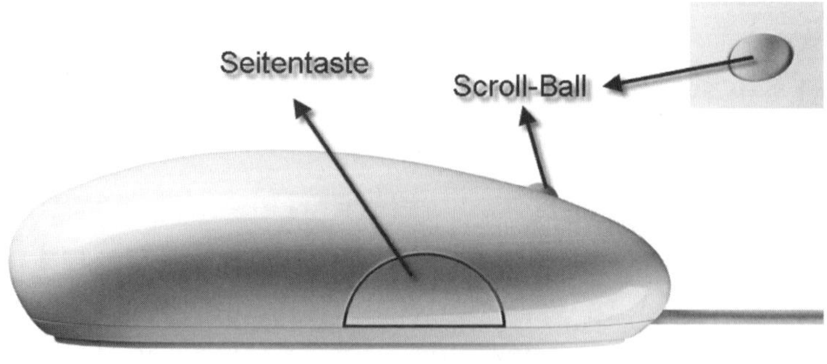

Abb. 4.15 Zur Zusatzausstattung der Mighty Mouse gehören eine linke und eine rechte Seitentaste sowie ein Scroll-Ball.

Mit den beiden Seitentasten können Sie jeweils eine bestimmte Funktion aufrufen. Um welche Funktionen es sich dabei handelt, können Sie selbst festlegen.

Mauseinstellungen in Kapitel 6
Wo und wie Sie die Belegung der beiden Seitentasten ändern können, erfahren Sie übrigens in Kapitel 6.

In der Standardeinstellung rufen Sie mit der linken Seitentaste die Exposé-Ansicht auf, in der Ihnen alle geöffneten und verkleinerten Programmfenster in einer sehr übersichtlichen Darstellung angezeigt werden und Sie mit einem einzigen weiteren Mausklick schnell und gezielt zu einem bestimmten Programmfenster wechseln können. Alternativ könnten Sie die Exposé-Ansicht auch mit der Exposé-Taste aufrufen. Wenn Sie aber Ihre Hand auf der Maus liegen haben, sind Sie mit der linken Seitentaste, die Sie mit dem Daumen antippen, schneller als mit der Tastatur.

Mit der rechten Seitentaste rufen Sie das Dashboard auf, also die Sammlung von Zusatzprogrammen (Widgets), die wir Ihnen zuvor bei den Bedientasten bereits vorgestellt haben. Auch in diesem Fall gilt: Wenn Sie die Maus ohnehin gerade benutzen, sind Sie mit der rechten Seitentaste schneller als mit der Dashboard-Taste Ihrer Tastatur.

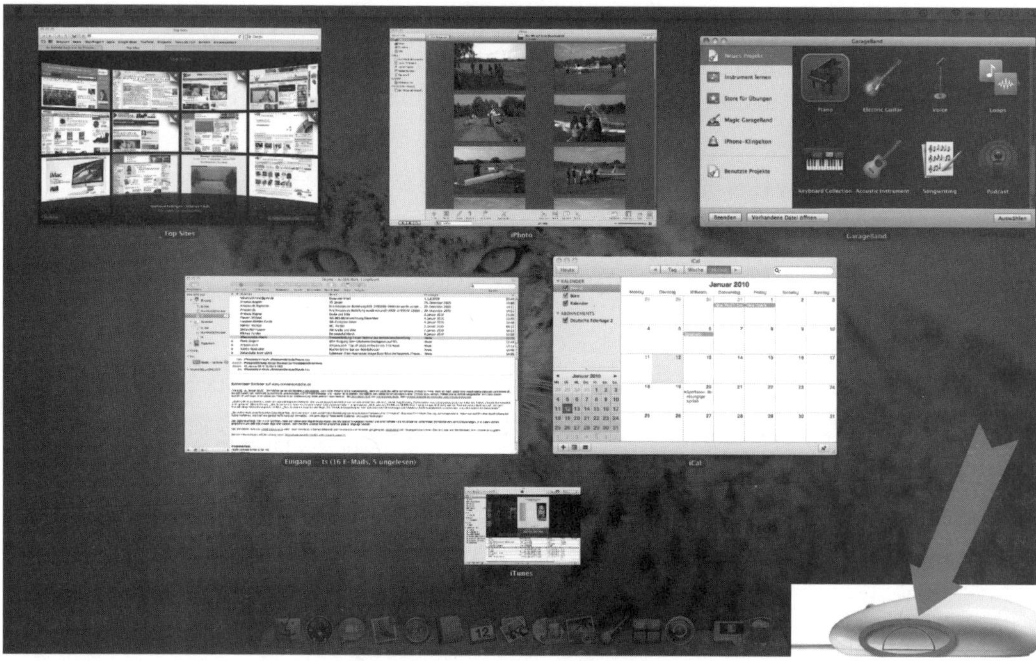

Abb. 4.16 Mit der linken Seitentaste schalten Sie in die Exposé-Ansicht.

Abb. 4.17 Mit der rechten Seitentaste rufen Sie die Widget-Sammlung des Dashboards auf.

Der Scroll-Ball leistet Ihnen dann gute Dienste, wenn ein Inhalt – z. B. ein Textdokument, eine Internetseite oder ein Foto –, den Sie sich anzeigen lassen, über die Grenzen Ihres Bildschirms hinausgeht und Sie daher nur noch einen Ausschnitt angezeigt bekommen. Ist dies der Fall, können Sie den Ausschnitt mit dem Scroll-Ball nach oben, unten und sogar diagonal bewegen. Entscheidend ist, in welche Richtung Sie den Scroll-Ball mit dem Zeigefinger drehen.

Scrollen heißt rollen

Die Bezeichnung Scroll-Ball kommt vom englischen Wort „Scroll“, Schriftrolle. Um eine Schriftrolle lesen zu können, muss diese ja ständig auf- und abgerollt werden. Diese Aufgabe übernimmt sozusagen der Scroll-Ball. Die neudeutsche Wortschöpfung „scrollen“, die immer häufiger verwendet wird, bedeutet „rollen“, „blättern“ oder „Fensterinhalt nach oben oder unten bewegen“.

Die „zauberhafte“ Magic Mouse

Wenn Sie sich Ihre Magic Mouse etwas genauer anschauen, werden Sie vergeblich nach Tasten oder einem Scroll-Ball suchen. Dennoch handelt es sich bei der Magic Mouse um ein kleines technisches Wunderwerk und die wohl innovativste Maus, die zurzeit auf dem Markt ist.

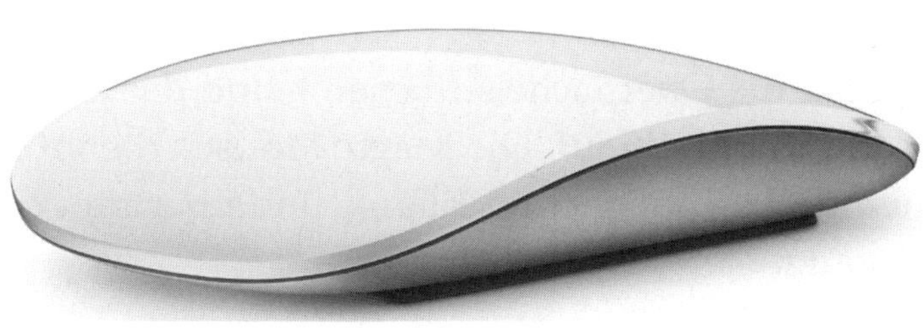

Abb. 4.18 Schlank und schlichtweg elegant – die Magic Mouse hat keine sichtbare Zusatzausstattung. (Foto: Apple)

Die Grundbedienung ist genau die gleiche wie bei jeder anderen Maus: Wenn Sie die Magic Mouse bewegen, steuern Sie einen Mauszeiger auf dem Bildschirm, und wenn Sie sie im oberen Bereich kurz drücken, lösen Sie einen Klick aus. Per Standardeinstellung arbeitet die Magic Mouse mit einer einzigen großen Fläche, doch wenn Sie wollen, können Sie – wie erwähnt – auch eine linke und rechte Maustaste aktivieren.

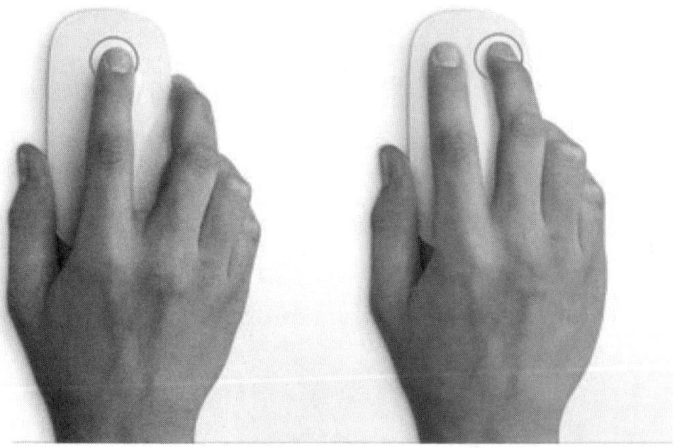

Abb. 4.19 Sie können die Magic Mouse als Ein-Tasten-Maus (links) oder mit linker und rechter Maustaste (rechts) nutzen. (Quelle: Apple)

Das „Zauberhafte" an Ihrer Magic Mouse ist, dass sie mit einer sensitiven Gehäuseoberfläche ausgestattet ist und deshalb Berührungen und bestimmte Gesten erkennen kann.

Sie können mit der Magic Mouse ohne Scroll-Ball Bildausschnitte horizontal und vertikal rollen („scrollen"), indem Sie mit einem Finger über die Oberfläche streichen – und das auch noch dynamisch und mit Nachlauf. Die Magic Mouse erkennt Ihre Streichgeschwindigkeit sowie Streichlänge und überträgt diese auf den Rollvorgang.

Lassen Sie Ihren Finger kreisen, können Sie einen Bildausschnitt entsprechend auf Ihrem Bildschirm bewegen („360-Grad-Scrollen").

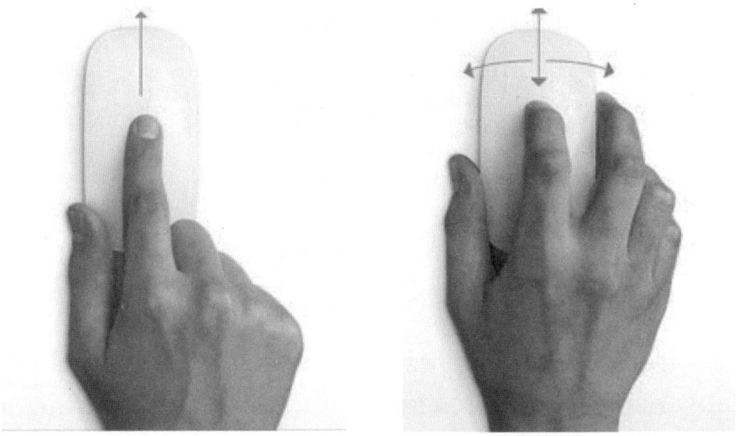

Abb. 4.20 Mit einem Finger können Sie horizontal, vertikal und um 360 Grad scrollen. (Quelle: Apple)

Und auch Gesten mit zwei Fingern sind möglich: Wenn Sie mit zwei Fingern nach rechts oder links streichen, blättern Sie vor und zurück. Das dadurch mögliche schnelle Vor- und Zurückblättern ist z. B. beim Surfen im Internet oder beim Sichten einer umfangreichen Fotosammlung mit iPhoto äußerst hilfreich.

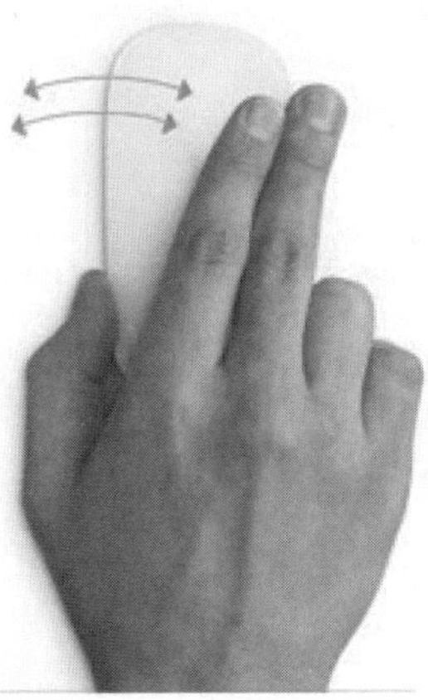

Abb. 4.21 Mit zwei Fingern können Sie vor- und zurückblättern.

4.3 Trackpad: Vom iPhone auf den Mac

Haben Sie ein MacBook, bedienen Sie dieses normalerweise nicht mit einer Maus, sondern einem Mausersatz – dem Trackpad. Das Wort „Mausersatz" ist allerdings nicht ganz zutreffend. Das Trackpad ersetzt nicht einfach nur die Maus, sondern bietet mit seiner sensitiven Glasoberfläche wesentlich effektivere Bedienungsmöglichkeiten.

Die Grundbedienung ist tatsächlich nichts weiter als reiner Mausersatz: Wenn Sie einen Finger auf der Oberfläche bewegen, steuern Sie den Mauszeiger auf dem Bildschirm, und zum Klicken drücken Sie das komplette Trackpad einfach oder doppelt. Haben Sie ein MacBook Air, klicken Sie mit der Trackpad-Taste.

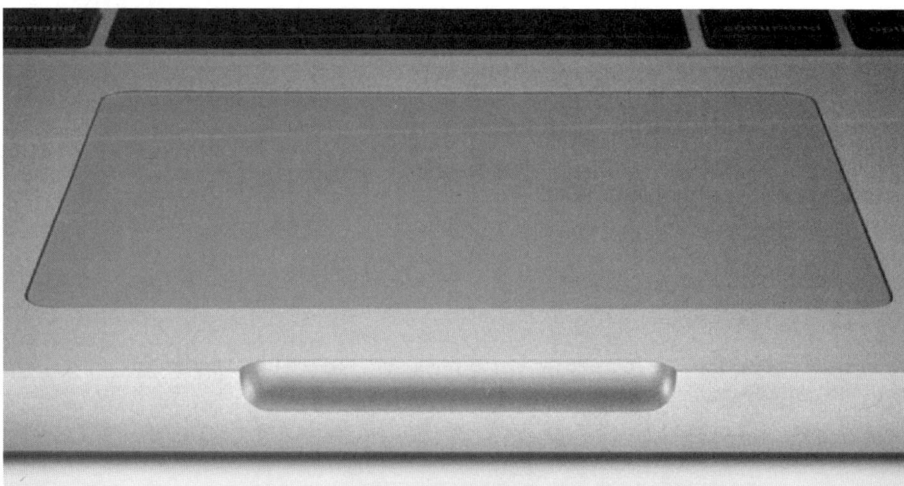

Abb. 4.22 Das Trackpad Ihres MacBooks ist mehr als nur ein Mausersatz.

Seine wahren Qualitäten zeigt das Trackpad erst, wenn Sie mit der Gestensteuerung arbeiten, deren Grundprinzipien Apple auf dem iPhone eingeführt und beim Trackpad noch etwas erweitert hat. Dabei lassen sich Gesten mit einem, zwei, drei und sogar vier Fingern ausführen – was zunächst einige Übung erfordert.

Nicht aufgeben, das Trackpad ist die bessere Maus

Am Anfang ist das Trackpad etwas gewöhnungsbedürftig. Gönnen Sie sich daher ein wenig Einarbeitungszeit und schließen Sie nicht gleich eine externe Maus an Ihr MacBook an. Bereits nach ein paar Tagen werden Sie das Trackpad nicht mehr missen wollen.

1-Finger-Gesten

Mit einem Finger können Sie nicht nur den Mauszeiger führen, sondern auch Programmfenster verschieben, wenn Sie zuvor den Mauszeiger auf das Fenster führen und zweimal mit einem Finger auf das Trackpad tippen. Das Fenster „rastet" dann am Mauszeiger ein und folgt so lange der Bewegung Ihres Fingers auf dem Trackpad, bis Sie wieder auf das Trackpad tippen und das Fenster „entrasten".

Abb. 4.23 Nach einem „Doppeltipp" folgt das Fenster Ihrer Fingerbewegung. (Quelle: Mac Hilfe)

2-Finger-Gesten

Mit zwei Fingern lässt sich horizontal, vertikal und sogar um 360 Grad scrollen. Bewegen Sie zwei Finger auf dem Trackpad, folgt der Bildausschnitt Ihrer Fingerbewegung – nach unten, nach oben, seitwärts und im Kreis.

Mit zusätzlich gedrückter [Ctrl]-Taste lässt sich die Bildschirmdarstellung „zoomen". Bewegen Sie die beiden Finger nach oben, wird sie vergrößert, nach unten wird sie verkleinert.

Abb. 4.24 Mit zwei Fingern können Sie scrollen und unter Zuhilfenahme der Taste [Ctrl] die Bildschirmdarstellung zoomen.

Mit zwei Fingern lassen sich auch Fensterinhalte, z. B. Fotos, drehen, vergrößern und verkleinern. Sie benutzen dafür zwei etwas unterschiedliche Gesten:

Um einen Fensterinhalt zu drehen, setzen Sie zwei Finger – am besten Daumen und Zeigerfinger – auf das Trackpad und drehen die Finger dann unter Beibehaltung des Fingerabstands. Das Foto folgt dann der Fingerdrehung. Es ist tatsächlich wesentlich einfacher, als es klingt!

Um einen Fensterinhalt zu vergrößern oder zu verkleinern, setzen Sie zwei Finger auf das Trackpad und führen sie zusammen oder auseinander. Beim Zusammenführen wird der Fensterinhalt verkleinert, beim Auseinanderführen vergrößert.

Bei allen Programmen, mit denen Sie Fotos verwalten und bearbeiten können, werden Ihnen diese 2-Finger-Gesten äußerst nützlich sein.

Abb. 4.25 Drehen, Vergrößern und Verkleinern mit 2-Finger-Gesten.

3- und 4-Finger-Gesten

Mit drei Fingern können Sie Navigieren und z. B. in Ihrem Internetprogramm vor- und zurückblättern. Sie brauchen dabei nichts weiter zu tun, als mit drei Fingern entweder von links nach rechts (vor) oder von rechts nach links über das Trackpad zu wischen.

Führen Sie die gleiche Wischtechnik mit vier Fingern aus, blenden Sie das Programmauswahlfenster ein, in dem Sie dann mit einem Finger ein Programmsymbol anwählen und mit einem Klick in das betreffende Programmfenster wechseln.

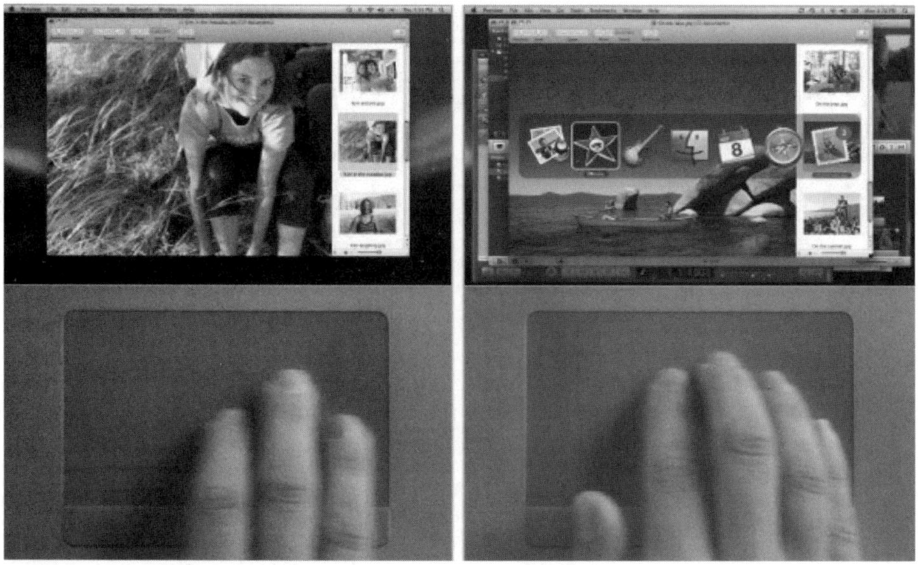

Abb. 4.26 Mit drei Fingern navigieren Sie vorwärts und rückwärts und mit vier Fingern blenden Sie die Programmfensterauswahl ein.

Trackpad-Einstellungen in Kapitel 6

Die Einstellungen Ihres Trackpads lassen sich ändern. So können Sie z. B. die Zeigergeschwindigkeit anpassen oder bestimmte Gestensteuerungen ein- oder ausschalten. Wo und wie das funktioniert, erfahren Sie in Kapitel 6.

4.4 Fernbedienung: Apple Remote

Vielleicht ist bei Ihrem Mac ja sogar die Fernbedienung Apple Remote dabei. Wenn Sie häufig DVDs anschauen, Musik hören oder Präsentationen mit Keynote oder PowerPoint vorführen, kann Ihnen die Fernbedienung gute Dienste leisten. Sehr komfortabel und entspannt können Sie dann z. B. Lautstärkeregelung, Titelauswahl oder Weiterschaltung von Präsentationsfolien aus der Ferne bedienen.

Apple Remote nachrüsten? Kein Problem!
Sie können die Fernbedienung separat nachkaufen und dann direkt einsetzen. Ihr Mac erkennt Apple Remote automatisch, sobald diese in Reichweite ist.

Die Fernbedienung sieht nicht nur fast genauso aus wie der kleinste MP3-Player von Apple, der iPod nano, sondern lässt sich auch auf ähnliche Weise bedienen. Mit dem äußeren Rad des runden Bedienelements regeln Sie die Lautstärke und schalten vor oder zurück, mit dem Knopf, der sich innerhalb des Rades befindet, starten oder unterbrechen Sie den Abspielvorgang.

Mit der Menütaste rufen Sie normalerweise das FrontRow-Menü Ihres Macs auf, über das Sie dann Filme, TV-Sendungen oder Musik abspielen können, wenn diese dort vorhanden sind. Ist jedoch ein anderes Medienprogramm aktiv, wie z. B. ein DVD-Abspielprogramm, öffnen Sie mit der Menütaste das Auswahlmenü dieses Programms.

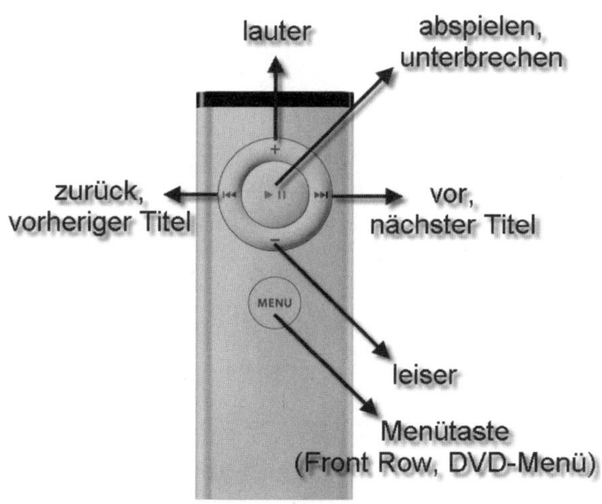

Abb. 4.27 Die Funktionstasten der Fernbedienung im Überblick.

Die Fernbedienung arbeitet automatisch mit so gut wie allen Medien- und Präsentationsprogrammen zusammen. Egal also, ob iTunes, DVD-Player oder PowerPoint, die Fernbedienung ist mit dabei.

Außerdem können Sie Ihren Mac mit der Fernbedienung einschalten und in den Ruhezustand versetzen. Wenn sich der Mac im Ruhezustand befindet, drücken Sie einfach irgendeine Funktionstaste der Fernbedienung, um ihn wieder aufzuwecken. Um ihn schlafen zu schicken, drücken Sie die mittlere Abspiel-/Pause-Taste einfach mehrere Sekunden lang. Auf dem Bildschirm erscheinen dann mehrere große weiße Z-Buchstaben und er geht zur Ruhe.

Kapitel 5

Die Benutzeroberfläche: So funktioniert's!

Nun noch eine geheimnisvolle Bezeichnung – „Benutzeroberfläche“. Eigentlich müsste es sogar „grafische Benutzeroberfläche“ heißen. Gemeint ist damit im Grunde alles, was auf dem Bildschirm nach dem Hochfahren des Computers zu sehen ist.

Abb. 5.1 So oder zumindest ähnlich sieht die Benutzeroberfläche auf dem Bildschirm aus.

Sie können Musik hören, Schach spielen, DVDs anschauen, im Internet surfen, E-Mails an Freunde verschicken, Fotos archivieren oder Klavier und Gitarre spielen lernen (ja, auch das geht!). Dazu benötigen Sie Programme, die Ihnen die entsprechenden Funktionen zur Verfügung stellen. Die Programme für die genannten Aufgaben sind im Lieferumfang enthalten – die Benutzeroberfläche macht den Umgang mit den Anwendungen einfach. Statt mühsam Befehle einzutippen, klicken Sie mit der Maus oder dem Trackpad auf grafische Elemente und Symbole und wählen Menüeinträge aus.

Egal, ob ein Windows-PC oder ein Mac, mittlerweile arbeiten so gut wie alle Computer mit einer grafischen Benutzeroberfläche, die sich auf ähnliche Weise bedienen lässt. Wenn Sie bereits einen Windows-PC kennen, werden Sie sich auf dem Mac schnell zurechtfinden. Doch auch als völliger Neueinsteiger werden Sie Ihren Mac binnen kürzester Zeit souverän bedienen können.

In diesem Kapitel stellen wir Ihnen nicht nur die einzelnen Elemente der Mac-Benutzeroberfläche vor, sondern zeigen Ihnen auch, wie Sie Programme aufrufen und beenden, mit Programmfenstern umgehen und wie der Finder, das zentrale Programm- und Dokumentverwaltungsprogramm, funktioniert.

5.1 Bedienelemente im Überblick

In der Abbildung haben wir alle Bedienelemente der Benutzeroberfläche gekennzeichnet und benannt (s. Abb. 5.2). In den folgenden Abschnitten stellen wir Ihnen diese Elemente – von oben nach unten – genauer vor.

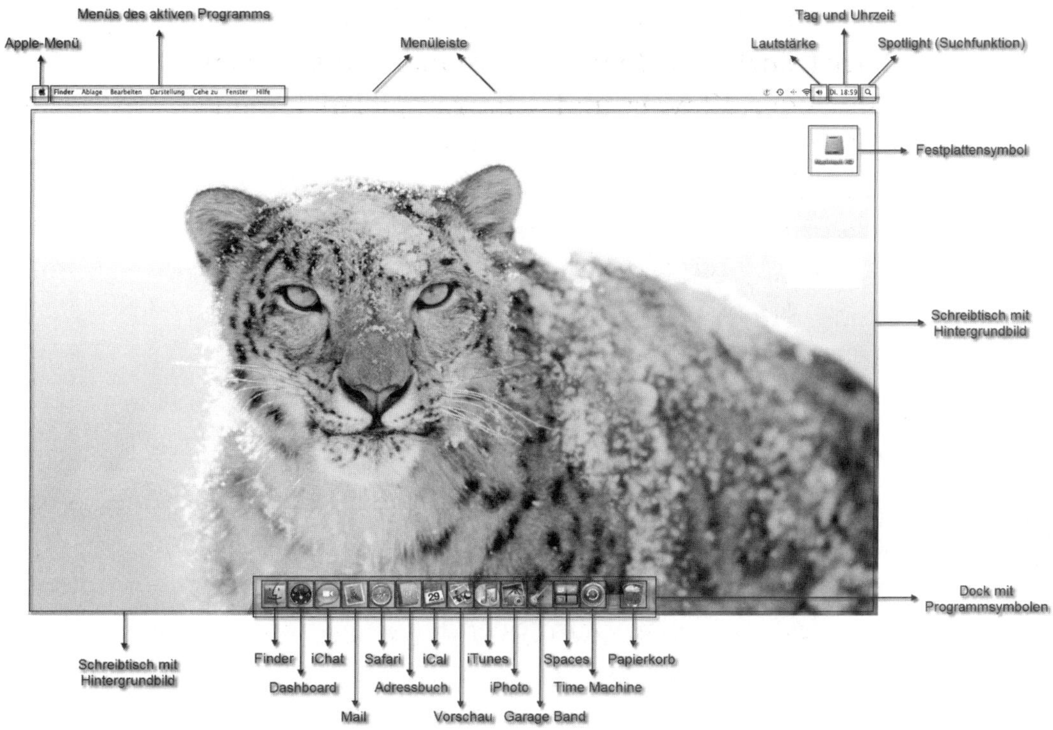

Abb. 5.2 Die einzelnen Bedienelemente der Benutzeroberfläche

Aussehen und Inhalte der Benutzeroberfläche sind flexibel
Die Benutzeroberfläche sieht mit Sicherheit nicht exakt genauso aus wie hier abgebildet. Dies liegt daran, dass sie nicht festgefügt ist, sondern Inhalte und Elemente sich je nach Arbeitsvorgang automatisch ändern. Sie können das Aussehen der Benutzeroberfläche aber auch selbst verändern und anpassen und z. B. den Schneeleopard, den Sie hier sehen, als Hintergrundbild wählen. Wie das geht, erfahren Sie in Kapitel 6.

Die Bedienelemente der Menüleiste

Die Menüleiste am oberen Bildschirmrand enthält gleich mehrere Bedienelemente, die Sie immer wieder verwenden werden

– das Apple-Menü, die Menüs des aktiven Programms, einige Symboltasten sowie die Anzeige von Wochentag und Uhrzeit.

> **Bei den Menüs haben Sie die Wahl**
> Der Begriff „Menü" bezeichnet eine Auswahlliste mit Befehlen und Optionen, die Sie mit einem Klick auf einen Menüeintrag öffnen. Ein Menü kann weitere Untermenüs enthalten. Dies wird mit einem kleinen dunkelgrauen Dreieck angezeigt, das nach rechts weist (s. auch Abb. 5.3).

Apple-Menü

Das Apple-Menü ist in der Menüleiste immer vorhanden. Es bietet Ihnen den Zugriff auf wichtige Systemfunktionen, wie etwa die *Systemeinstellungen* und die *Softwareaktualisierung*, und stellt Ihnen Möglichkeiten zum Beenden von Programmen und zum Ausschalten Ihres Macs zur Verfügung. Das kleine dunkelgraue Dreieck hinter einem Eintrag weist Sie auf ein Untermenü hin.

Probieren Sie es doch gleich einmal aus: Öffnen Sie das Apple-Menü mit einem Klick auf das Apfelsymbol und klicken Sie auf den Menüeintrag *Über diesen Mac*. Das Menü schließt sich und es erscheint ein Fenster mit dem Titel *Über diesen Mac*, das Ihnen unter anderem mitteilt, mit welcher Mac OS X-Version Ihr Mac arbeitet und mit welchem Prozessor und Arbeitsspeicher er ausgestattet ist. Schließen Sie das Fenster mit einem Klick auf die rote Kontrollleuchtentaste (s. Abb. 5.3).

Jetzt können Sie auch gleich noch prüfen, was es mit den Untermenüs auf sich hat: Öffnen Sie das Apple-Menü erneut mit einem Klick auf das Apfelsymbol und führen Sie den Mauszeiger ohne zu klicken (!) über die Einträge, die mit einem grauen Dreieck gekennzeichnet sind. Wie Sie sehen, fährt dabei automatisch ein Untermenü aus, in dem Sie weitere Einträge anwählen können. Lassen Sie Ihren Mauszeiger im Apple-Menü und dessen Untermenüs wandern und schließen Sie das Apple-Menü dann mit einem Klick auf das Apfelsymbol.

Abb. 5.3 Öffnen Sie das Apple-Menü (1), wählen Sie den Eintrag *Über diesen Mac* (2) und schließen Sie das Fenster (3).

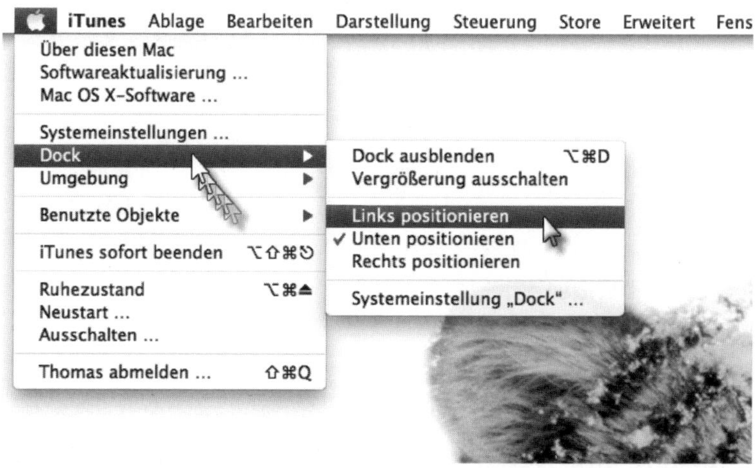

Abb. 5.4 Führen Sie den Mauszeiger über einen Menüeintrag mit Dreieck, fährt ein Untermenü aus, in dem Sie weitere Einträge anwählen können.

Menüs des aktiven Programms

Gleich rechts neben dem Apfelsymbol sehen Sie die Menüs des Programms, das Sie gerade verwenden. Benutzen Sie mehrere Programme und Programmfenster gleichzeitig – was normalerweise fast immer der Fall ist –, werden dort die Menüs des Programms angezeigt, dessen Programmfenster gerade aktiv ist. Haben Sie noch kein Programm aufgerufen, sind dort immer die Menüs des Finders, des Programm- und Dateimanagers, zu sehen.

Der Finder ist immer im Einsatz

Der Finder wird automatisch gestartet, wenn Sie den Mac einschalten, und kann von Ihnen nicht beendet, sondern nur neu gestartet werden.

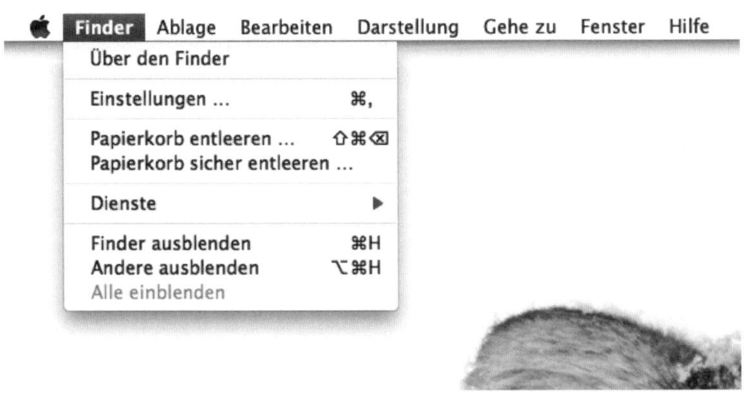

Abb. 5.5 Haben Sie noch kein Programm aufgerufen, wird Ihnen die Menüleiste des Finders angezeigt.

Symboltasten der Menüleiste

Die Symbole rechts in der Menüleiste sind gleichzeitig auch Symboltasten, mit denen Sie entweder ein Menü oder ein Systemprogramm aufrufen können. Welche Symbole Ihnen dort gezeigt werden, ist unter anderem abhängig davon, wie Ihr Mac ausgestattet ist und wie er sich z. B. mit dem Internet und anderen

Zusatzgeräten verbindet. Wenn Sie z. B einen neuen iMac haben, der mit einer drahtlosen Tastatur sowie einer Magic Mouse ausgestattet und auch noch drahtlos mit dem Internet verbunden ist, erscheinen in der Menüleiste die beiden Symboltasten und . Mit einem Klick auf diese Symboltasten können Sie jeweils ein Menü aufrufen, über dessen Einträge sich Einstellungen der beiden unterschiedlichen Drahtlosverbindungen (Bluetooth und WLAN) vornehmen lassen.

Völlig unabhängig vom Modell werden auf jeden Fall die drei Symboltasten *Lautstärke, Tag und Uhrzeit* und *Spotlight* angezeigt, deren Aufgaben leicht zu erraten sind.

Symboltaste Lautstärke

Klicken Sie auf die Symboltaste *Lautstärke,* erscheint ein Lautstärkeregler, dessen Schieber Sie mit dem Mauszeiger nach unten (= leiser) oder oben (= lauter) bewegen können, wenn Sie die Maus oder das Trackpad gedrückt halten.

Abb. 5.6 Den Lautstärkeregler bedienen Sie mit dem Mauszeiger und gedrückt gehaltener Maustaste.

Probieren Sie es aus: Klicken Sie in der Menüleiste auf die Symboltaste *Lautsprecher,* führen Sie den Mauszeiger auf den Schieber, halten Sie Maus oder Trackpad gedrückt und ziehen Sie den Schieber erst nach oben, dann nach unten und bewegen Sie ihn noch ein wenig. Wie Sie sehen, ändert sich beim Symbol der Lautstärketaste die Anzahl der Schallringe entsprechend der Lautstärkeregelung, sodass Sie mit einem Blick in die Menüleiste immer sehen, wie die Lautstärke eingestellt ist. Lassen Sie Maus oder Trackpad los, verschwindet der Lautstärkeregler sofort.

Einer wie alle anderen

Haben Sie den Lautstärkeregler bezwungen, haben Sie sich zugleich eine grundsätzliche Bedienungskonvention Ihres Macs zu eigen gemacht: Schieberegler wie der Lautstärkeregler werden Ihnen in Programm- und Dialogfenstern immer wieder begegnen.

Symboltaste Tag und Uhrzeit

Mi. 12:01

Genau wie *Lautstärke* ist auch die Symboltaste *Tag und Uhrzeit* gleichzeitig eine Anzeige, die Ihnen natürlich den aktuellen Wochentag und die aktuelle Uhrzeit anzeigt.

Dass es sich dabei um eine Symboltaste handelt, können Sie sehr leicht selbst überprüfen: Klicken Sie darauf! Es öffnet sich ein Menü mit insgesamt vier Einträgen, das Ihnen die Möglichkeit bietet, das komplette Datum einzusehen, zwischen der analogen und digitalen Darstellung der Uhrzeit auszuwählen und zu den *Systemeinstellungen „Datum & Uhrzeit“* zu wechseln. Klicken Sie probehalber auf diesen Eintrag, öffnet sich ein Dialogfenster, in dem Sie dann per Mausklick einige Anzeigeeinstellungen vornehmen können. Schauen Sie sich die Einstellungsmöglichkeiten an, ändern Sie bei Bedarf die eine oder andere Einstellung mit einem Klick auf das betreffende Optionsfeld und schließen Sie das Dialogfenster mit einem Klick auf die rote Kontrollleuchtentaste (s. Abb. 5.7).

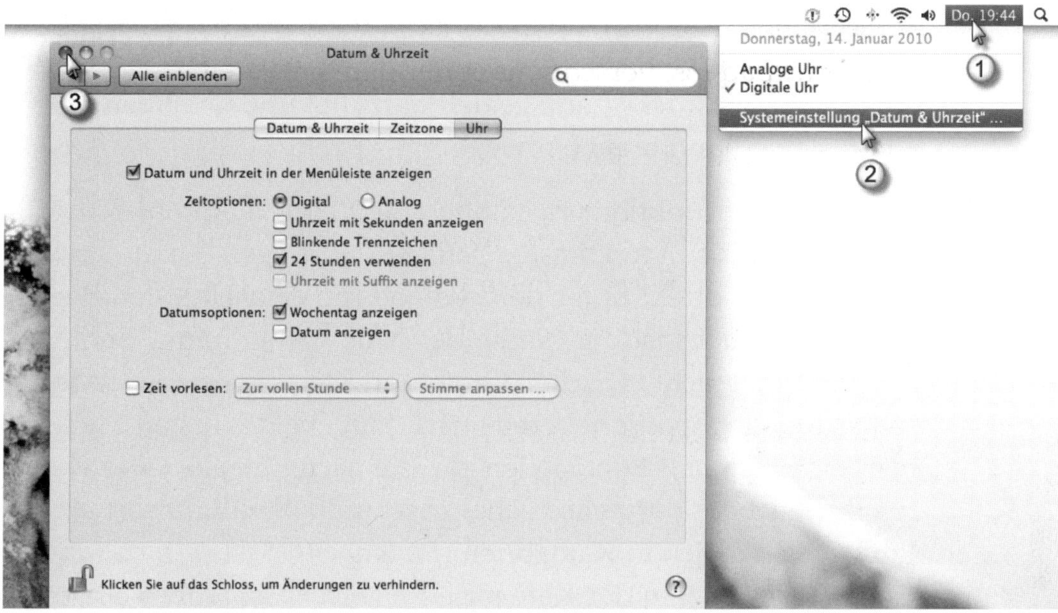

Abb. 5.7 Öffnen Sie das Tag- und Uhrzeit-Menü (1), klicken Sie auf den Systemeinstellungseintrag (2) und schließen Sie das Dialogfenster.

Symboltaste Spotlight

Auch wenn es zunächst nicht so scheint, verbirgt sich hinter der unscheinbaren Symboltaste *Spotlight*, das Programm, das für Sie unter Umständen zu einem der wichtigsten Programme für die Bedienung Ihres Macs werden kann. Wie Sie vielleicht wissen, ist „Spotlight" das englische Wort für „Rampenlicht", „Scheinwerfer" oder „Suchscheinwerfer". Und genau das tut Spotlight auch – Suchen und Dinge ins Rampenlicht stellen. Mit anderen Worten: Spotlight ist die Suchfunktion des Macs.

Spotlight sucht und findet alles Mögliche – Programme, Dokumente (z. B. Texte, Tabellen, Fotos usw.), E-Mails, Musik, Internetseiten, die Sie aufgerufen haben, Kontaktdaten und sogar Systemeinstellungen. Klicken Sie im Suchergebnis, das Ihnen in Listenform direkt unter dem Eingabefeld angezeigt wird, auf eine Fundstelle wird diese „gestartet": Ein Dokument erscheint in dem Programm, mit dem Sie es erstellt haben, Musik wird mit iTunes abgespielt und ein Programm wird aufgerufen. Sie können mit Spotlight also z. B. Programme, Dokumente, Adressdaten und Musikstücke ganz gezielt aufrufen und anzeigen lassen – blitzschnell und ohne Umwege.

Wie Spotlight funktioniert, können Sie gleich ausprobieren: Klicken Sie auf die Symboltaste *Spotlight* und tragen Sie in das Eingabefeld, das direkt unter der Symboltaste erscheint, den Begriff *itunes* ein. iTunes ist der Name des Musikprogramms. Spotlight unterscheidet nicht zwischen Groß- und Kleinbuchstaben. Wie Sie sehen, blendet Spotlight bereits nach Eingabe des ersten Buchstabens eine Liste mit Fundstellen ein, die nach Eingabe jedes weiteren Buchstabens dynamisch angepasst wird. Spotlight sortiert die Fundstellen gleich in Kategorien (*Programme, Systemeinstellungen, Dokumente* usw.). In der Kategorie *Programme* ist iTunes eingetragen. Klicken Sie auf den Eintrag *iTunes* (s. Abb. 5.8). Das Musikprogramm iTunes erscheint auf Ihrem Bildschirm.

Wunderbar! Sie haben iTunes über Spotlight aufgerufen. Falls Sie iTunes zum ersten Mal aufrufen, müssten Sie jetzt eine Art Anmeldeprozedur durchlaufen, die Sie durch mehrere Dialogfenster führt, bevor das eigentliche iTunes-Programm erscheint. Haben Sie iTunes bereits benutzt, erscheint das Programmfenster direkt auf Ihrem Bildschirm. Der Einfachheit halber schließen Sie das Fenster, das erschienen ist, mit einem Klick auf die rote Kontrollleuchtentaste.

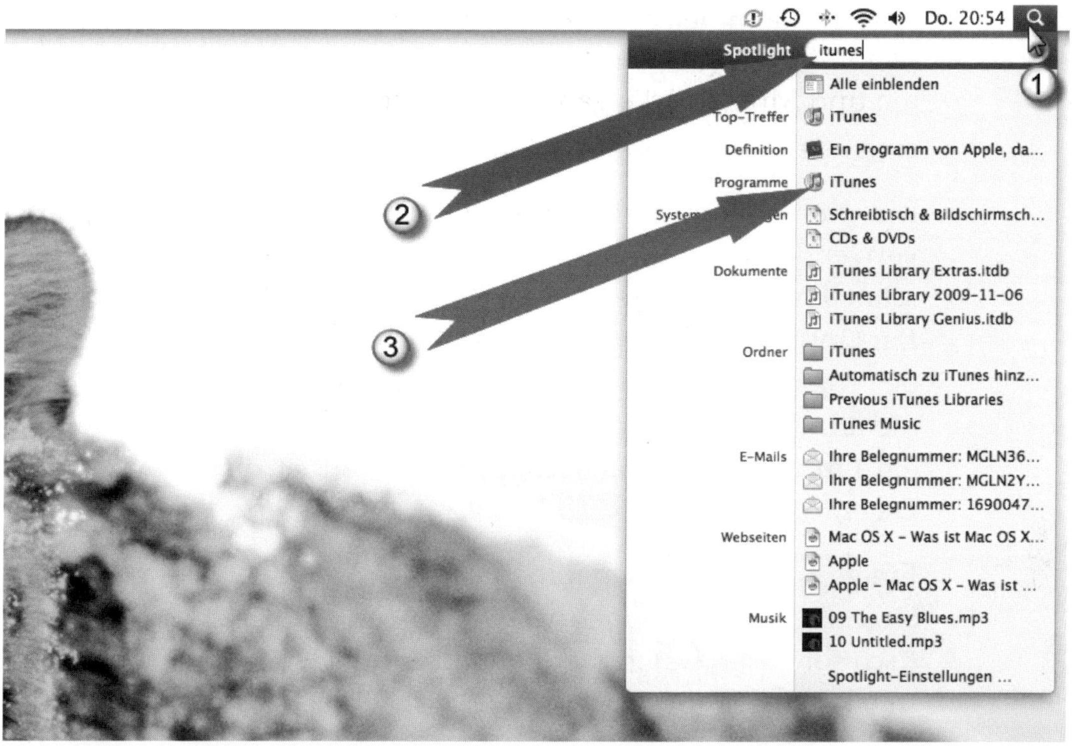

Abb. 5.8 Klicken Sie auf die Symboltaste *Spotlight* (1), tragen Sie *itunes* in das Eingabefeld ein (2) und klicken Sie auf den Programmeintrag *iTunes* (3).

Der Schreibtisch

Direkt unterhalb der Menüleiste befindet sich der *Schreibtisch* Ihres Macs, der – bis auf die Menüleiste – den gesamten Bildschirm umfasst (s. auch Abb. 5.2).

Die Bezeichnung „Schreibtisch" deutet auf die Funktion dieses Bereichs hin: Wie auf einem realen Schreibtisch können Sie hier alles ablegen und anordnen, um schnell darauf zugreifen zu können und alles Wichtige immer im Blick zu haben. Natürlich können Sie das, was Sie nicht benötigen auch wieder entfernen. Der Mac stellt Ihnen dazu einen Papierkorb zur Verfügung.

Die „Dinge", die Sie auf dem Schreibtisch ablegen und anordnen, können Programme, Dokumente aller Art sowie Ordner oder gar komplette Datenträger sein, die wiederum Dokumente enthalten. Abgelegt werden sie in Form von Schreibtischsymbolen. Ein Symbol steht also für ein Programm, ein Dokument, einen Ordner oder einen kompletten Datenträger.

Um ein Programm, Dokument oder einen Ordner öffnen und verwenden zu können, klicken Sie doppelt – also zweimal schnell hintereinander – auf das betreffende Schreibtischsymbol. Ein Doppelklick auf ein Programmsymbol startet das betreffende Programm, ein Klick auf ein Dokumentsymbol ruft das Dokument im dazugehörigen Programmfenster auf und ein Klick auf ein Ordner- oder Datenträgersymbol öffnet ein Ordner- bzw. Datenträgerfenster.

Einige Schreibtischsymbole legt der Mac automatisch an. Stecken Sie z. B. einen USB-Speicherstick ein, erscheint auf dem Schreibtisch sofort ein Datenträgersymbol, mit dessen Hilfe Sie sich den Inhalt des USB-Sticks unverzüglich anzeigen lassen können.

Das können Sie gleich einmal ausprobieren: Selbst wenn Sie Ihren Mac erst vor Kurzem zum ersten Mal eingeschaltet haben, befindet sich auf seinem Schreibtisch mindestens ein Schreibtischsymbol – das der Festplatte.

Die Festplatte ist die zentrale Speichereinheit eines Computers, auf der normalerweise alle Programme, Dateien und Dokumente gespeichert werden. Wenn Sie sich das Symbol anschauen, erfahren Sie sogar, wie eine Festplatte aussieht.

Abb. 5.9 Auf dem Schreibtisch befindet sich auf jeden Fall das Symbol der Festplatte.

Schreibtischsymbole verschieben

Beginnen Sie damit, das Festplattensymbol auf dem Schreibtisch hin- und herzuschieben. Dazu führen Sie den Mauszeiger auf das Festplattensymbol, drücken die Maus, halten sie gedrückt und bewegen sie dann – das Festplattensymbol folgt nun so lange der Bewegung des Mauszeigers, bis Sie die Maus wieder loslassen (s. Abb. 5.10). Für das Trackpad gilt selbstverständlich das Gleiche.

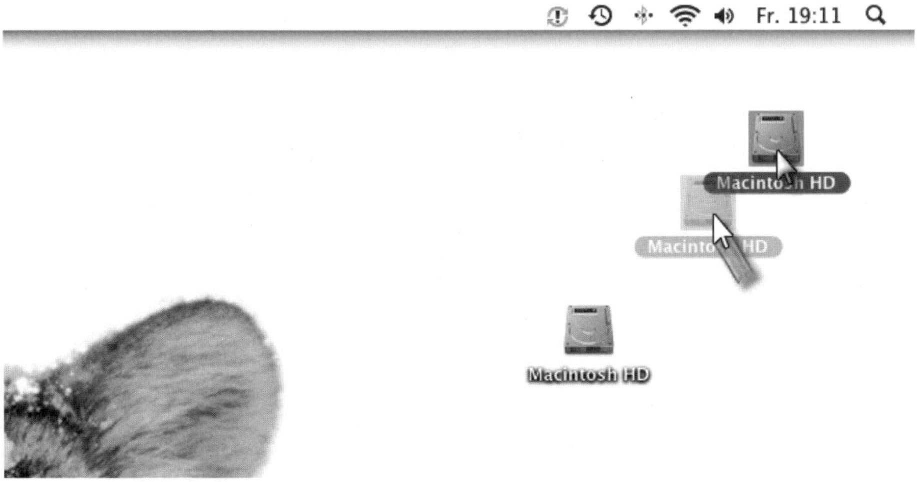

Abb. 5.10 Ziehen Sie das Festplattensymbol an eine andere Position auf dem Schreibtisch und lassen Sie Maus oder Trackpad los.

Auf diese Weise lassen sich alle Schreibtischsymbole ganz einfach anordnen.

Schreibtischsymbole aufrufen

Nun aktivieren Sie den „Inhalt" des Schreibtischsymbols und klicken doppelt auf das Festplattensymbol. Stimmt die Klickgeschwindigkeit, öffnet sich ein Programmfenster des Finders, das Ihnen den Inhalt der Festplatte anzeigt. Zu dem, was Ihnen alles im Finder-Fenster angezeigt wird, gleich mehr, wenn wir Ihnen den Finder vorstellen. Schließen Sie jetzt das Finder-Fenster mit einem Klick auf die rote Kontrollleuchtentaste.

Nutzen Sie die Gelegenheit und üben Sie den Doppelklick

Der Doppelklick kann am Anfang eine kleine Hürde sein. Falls er bei Ihnen nicht auf Anhieb klappt, nutzen Sie die Gelegenheit zum Üben. Nehmen Sie sich ein wenig Zeit und wiederholen Sie die Übung, bis das Doppelklicken des Festplattensymbols sicher klappt. Sollte es partout nicht oder manchmal nur zufällig klappen, können Sie die Doppelklickgeschwindigkeit auch anpassen. Wo und wie, erfahren Sie in Kapitel 6.

Abb. 5.11 Klicken Sie doppelt auf das Festplattensymbol (1) und schließen Sie das Fenster mit einem Klick auf die rote Taste (2).

Schreibtischsymbole entfernen

Falls Sie ein Schreibtischsymbol nicht mehr benötigen und entfernen möchten, lässt sich dies ebenfalls sehr leicht bewerkstelligen – Sie ziehen es mit der Maus oder dem Trackpad auf das Papierkorbsymbol, das sich im „Dock“ am unteren Bildschirmrand befindet. Alternativ können Sie das Symbol auch mit einem Klick anwählen, in der Menüleiste das Menü *Ablage* öffnen und dort auf den Eintrag *In den Papierkorb legen* klicken. Noch schneller geht es, wenn Sie nach dem Anwählen des Symbols den Kurzbefehl [⌘] + [←] eingeben.

Abb. 5.12 Ein Dokumentsymbol verschwindet im Papierkorb, bei einem Datenträgersymbol wird der Papierkorb zum *Auswerfen*-Symbol.

Beim Löschen unterscheidet der Mac allerdings zwischen Dokument- und Ordnersymbolen einerseits sowie Datenträgersymbolen andererseits. Dokumente und Ordner landen tatsächlich im Papierkorb und können – wie im richtigen Leben – von Ihnen dort auch jederzeit wieder herausgeholt werden. Verschieben Sie hingegen ein Datenträgersymbol in Richtung Papierkorb, so wird das Papierkorbsymbol auf einmal zum Symbol *Auswerfen*, das sich auf der Tastatur befindet, und der Datenträger wird nicht gelöscht, sondern nur ausgeworfen (s. Abb. 5.12), und das unter Umständen sogar buchstäblich: Ziehen Sie nämlich ein CD-/DVD-Symbol auf das Papierkorb- bzw. *Auswerfen*-Symbol, wird die CD oder DVD tatsächlich ausgeworfen.

Auch USB-Sticks müssen ausgeworfen werden

Das Auswerfen ist auch dann wichtig, wenn Sie einen USB-Speicherstick einsetzen. Bevor Sie diesen wieder entfernen, müssen Sie ihn nämlich auch „auswerfen".

Und das können Sie auf die beschriebene Weise erledigen. Da Ihnen der USB-Stick automatisch mit einem Schreibtischsymbol angezeigt wird, wenn Sie ihn in einen USB-Anschluss Ihres Macs einstecken, ziehen Sie das Datenträgersymbol einfach auf den Papierkorb, dessen Symbol sich dann entsprechend ändert. Ist dies erledigt, können Sie den USB-Stick abziehen, ohne dass der Mac sich beschwert.

Das Dock

Die Leiste mit den großen Symbolen, die Sie am unteren Rand Ihres Bildschirms sehen, ist nicht Teil des Schreibtischs, sondern ein eigenständiges Bedienelement – das Dock. Über die Symbole des Docks haben Sie Zugriff auf Programme, Ordner und Dokumente, die Sie häufig verwenden. Ein Klick auf ein Symbol bringt das betreffende Programm oder Dokument sofort zum Vorschein – was Sie natürlich sofort ausprobieren können. Schließen können Sie die Programmfenster dann einfach wieder mit einem Klick auf die rote Kontrollleuchtentaste.

Abb. 5.13 Das Dock bietet Ihnen einen Schnellzugang zu Programmen und Dokumenten, die Sie häufig verwenden.

Programmsymbole erkunden

Auch wenn Sie Ihren Mac zum ersten Mal starten, sind dort bereits ein gutes Dutzend Programmsymbole der wichtigsten Programme, mit denen er ausgestattet ist, vorhanden. Dazu gehören z. B. die Programmsymbole des Finders (ganz links), des E-Mail-Programms *Mail* (Briefmarke), des Internetprogramms

Safari (Kompass) und des Terminkalenders *iCal* (Abreißkalender, immer mit aktuellem Datum).

Wenn Sie den Mauszeiger – ohne zu klicken! – über die Symbole führen, wird Ihnen zu jedem Symbol der Name des entsprechenden Programms eingeblendet. Probieren Sie es aus und lassen Sie sich die Programmnamen schnell einmal anzeigen!

Abb. 5.14 Sobald sich der Mauszeiger über einem Programmsymbol befindet, erscheint der Programmname.

Der Inhalt des Docks ist aber nicht festgelegt, sondern kann von Ihnen selbstverständlich an den eigenen Programmbedarf angepasst und mit den Symbolen der Programme gefüllt werden, mit denen Sie tatsächlich häufig arbeiten. Wie das geht, erfahren Sie im Folgekapitel, nachdem wir Ihnen hier am Beispiel des Finders vorgestellt haben, wie ein typisches Mac-Programm überhaupt funktioniert.

Position und Verhalten des Docks ändern

Zurück zum Dock: Sie können nicht nur den Inhalt, sondern auch die Position und das Verhalten des Docks verändern. So bestimmen Sie, wo das Dock auf Ihrem Bildschirm angezeigt wird (links, unten oder rechts), ob es erst auf Anforderung erscheint (nämlich dann, wenn Sie den Mauszeiger an den Bildschirmrand führen, an dem sich das ausgeblendete Dock befindet), und Sie können eine Vergrößerung einschalten, die bewirkt, dass die Docksymbole fließend vergrößert werden, wenn Sie mit dem Mauszeiger darüberfahren.

Da Sie das Apple-Menü ja bereits kennengelernt haben, probieren Sie doch gleich einmal aus, wie einfach die Anpassung des Docks funktioniert, und schalten Sie die Dock-Vergrößerung ein: Öffnen Sie das Apple-Menü und führen Sie den Mauszeiger dort auf die Option *Dock*. Es öffnet sich automatisch ein Untermenü, in dem Sie nun auf den Optionseintrag *Vergrößerung einschalten* klicken (s. Abb. 5.15).

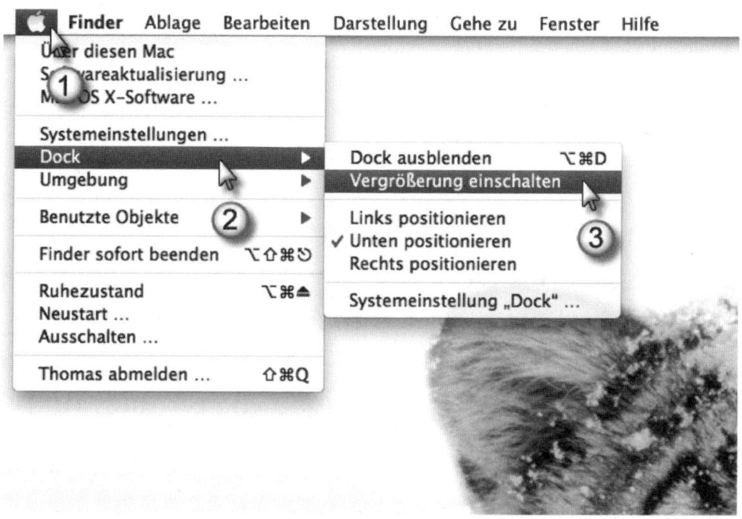

Abb. 5.15 So schalten Sie die Dock-Vergrößerung ein.

Apple-Untermenü nur eine der Anpassungsmöglichkeiten
Das Apple-Untermenü bietet nur eine von mehreren Möglichkeiten, das Dock anzupassen. Ein anderer Weg führt z. B. über die Systemeinstellungen, die wir Ihnen im folgenden Kapitel vorstellen und die Ihnen noch zusätzliche Einstellungsmöglichkeiten bieten.

Die Menüs schließen sich und die Vergrößerung ist eingeschaltet. Wenn Sie jetzt über die Docksymbole fahren, werden diese im Bereich des Mauszeigers fließend vergrößert (s. Abb. 5.16). Wenn Sie mit einem MacBook arbeiten, das ja mit einem relativ kleinen Bildschirm ausgestattet ist, sollten Sie diese Einstellung ruhig beibehalten. Möchten Sie dies nicht, so stellen Sie das Dock-Verhalten auf dem gleichen Wege (*Apple-Menü > Dock > Vergrößerung ausschalten*) wieder zurück.

Abb. 5.16 Die Dock-Vergrößerung bezieht sich immer nur auf den Bereich in unmittelbarer Nähe des Mauszeigers.

Programm- und Dokumentbereich

Wenn Sie sich das Dock etwas genauer anschauen, sehen Sie im rechten Drittel eine Art Fahrbahnmarkierung. Diese gestrichelte Linie trennt zwei Bereiche – links davon sind die Programmsymbole angeordnet, rechts davon die Ordner- und Dokumentsymbole.

Abb. 5.17 Die Fahrbahnmarkierung trennt den Programm- und Dokumentbereich.

Rufen Sie ein Programm auf, erscheint dessen Programmsymbol automatisch im Programmbereich des Docks, verkleinern Sie ein Dokument, an dem Sie gerade arbeiten, erscheint im Dokumentbereich automatisch ein Dokumentsymbol, über das Sie das Dokument jederzeit mit einem Mausklick wieder anzeigen lassen können. Jedes Dokumentsymbol ist mit einem kleinen Programmsymbol gekennzeichnet, an dem Sie sofort erkennen, um welche Art von Dokument es sich handelt. Fahren Sie mit dem Mauszeiger über ein Dokumentsymbol, erscheint ein Hinweis, der Sie über weitere Dokumentdetails informiert.

Abb. 5.18 Sobald sich der Mauszeiger über einem Dokumentsymbol befindet, erscheint eine kurze Zusatzinformation.

Stapelzugriff im Dokumentbereich

Im Dokumentbereich können auch komplette Ordner abgelegt sein. Die Ablage geschieht nicht automatisch, sondern muss von Ihnen „manuell" vorgenommen werden, indem Sie den gewünschten Ordner mit der Maus oder dem Trackpad in den Dokumentbereich ziehen. Wie dies genau funktioniert, erfahren Sie sogleich bei der Vorstellung des Finders.

Bei einem neueren Mac sind aber bereits zwei Ordner im Dokumentbereich vorhanden – *Dokumente* und *Downloads*. Ordner werden immer mit einem blauen Karteikartensymbol dargestellt. Den Inhalt dieser Ordner bekommen Sie per Standardeinstellung als *Stapel* in Form eines Fächers angezeigt: Wenn Sie auf eines der beiden Ordnersymbole im Dokumentbereich des Docks klicken, „fahren" die Symbole der Ordner und Dokumente aus, die sich in diesem Ordner befinden. Probieren Sie es aus – ein Klick und der Fächer fährt aus. Mit Klick auf eines der Symbole könnten Sie nun das dazugehörige Programm öffnen oder Dokument anzeigen. Zugegeben: Am Anfang ist dies noch nicht ganz so beeindruckend. Wenn Sie aber etwas länger mit dem Mac arbeiten und sich in den Stapeln mehr Dokumente befinden, ist dies immer wieder hübsch anzusehen (s. Abb. 5.19).

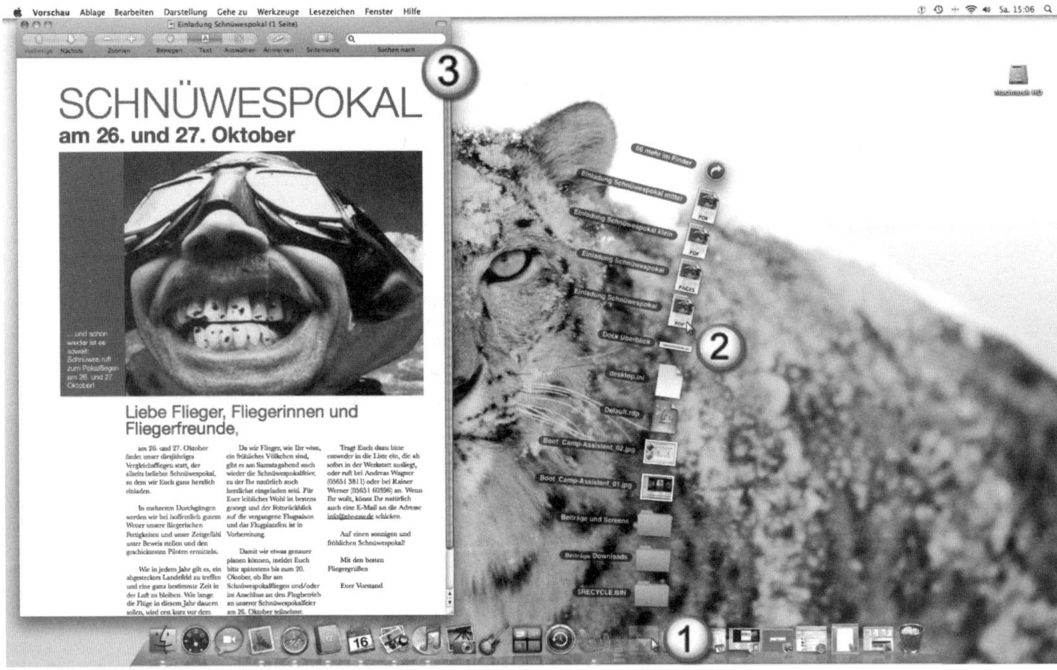

Abb. 5.19 Klicken Sie auf den Ordner Dokumente (1), erscheint ein Fächer mit Symbolen (2), aus dem Sie ein Dokument mit einem Klick öffnen können (3).

5.2 Der Finder

Sobald Sie Ihren Mac einschalten, läuft auch seine Programm- und Dateiverwaltung – der Finder. Auch wenn Sie noch kein Programm aufgerufen haben, werden in der Menüleiste die Menüs des Finders angezeigt. Mit dem Finder können Sie so gut wie alle Daten und Datenträger aufrufen, ansehen, verwalten und verwenden. Hier starten Sie Ihre Programme, schauen sich den Inhalt der Festplatte oder eines externen USB-Sticks an, legen Ordner an, füllen das Dock mit Symbolen, kopieren Dokumente, benennen sie um und verschieben sie. Kurz: Der Finder ist das wichtigste Programmwerkzeug, das Ihnen für die Bedienung und Benutzung Ihres Macs zur Verfügung steht.

Finder-Fenster aufrufen und schließen

Um den Finder benutzen zu können, müssen Sie ein „Finder-Fenster" aufrufen. Wie jedes Mac-Programm läuft auch der Finder in einem Programmfenster. Da der Finder auf Ihrem Mac ja bereits gestartet ist, müssen Sie ihn nicht als Programm neu starten, sondern nur ein Fenster öffnen, in dem Sie ihn dann benutzen können.

Mehrere Finder-Fenster möglich und oft zweckmäßig
Sie können nicht nur ein einziges Finder-Fenster öffnen, sondern mehrere gleichzeitig. Dazu wiederholen Sie einfach das Aufrufen des Finder-Fensters. Das ist z. B. dann sehr praktisch, wenn Sie Dokumente von einem Laufwerk auf ein anderes kopieren möchten. In einem Fenster lassen Sie sich den Inhalt des Ausgangslaufwerks, im anderen Fenster den des Ziellaufwerks anzeigen und können die gewünschten Dokumente mit dem Mauszeiger von einem Fenster ins andere ziehen.

Zum Aufrufen eines Finder-Fensters haben Sie gleich mehrere Möglichkeiten, von denen Sie die drei gebräuchlichsten am besten gleich einmal ausprobieren.

Der erste Weg führt über das *Finder*-Menü in der Menüleiste: Öffnen Sie – wenn Ihnen das *Finder*-Menü dort angezeigt wird – das Menü *Ablage* und klicken Sie auf den Eintrag *Neues Fenster*. Das Finder-Fenster erscheint. Schließen Sie das Fenster mit einem Klick auf die rote Kontrollleuchtentaste.

Der zweite und schnellere Weg führt über das Dock: Klicken Sie auf das Programmsymbol des Finders, das sich ganz links im Dock befindet. Das Finder-Fenster erscheint. Schließen Sie das Fenster mit einem Klick auf die rote Kontrollleuchtentaste (s. Abb. 5.20).

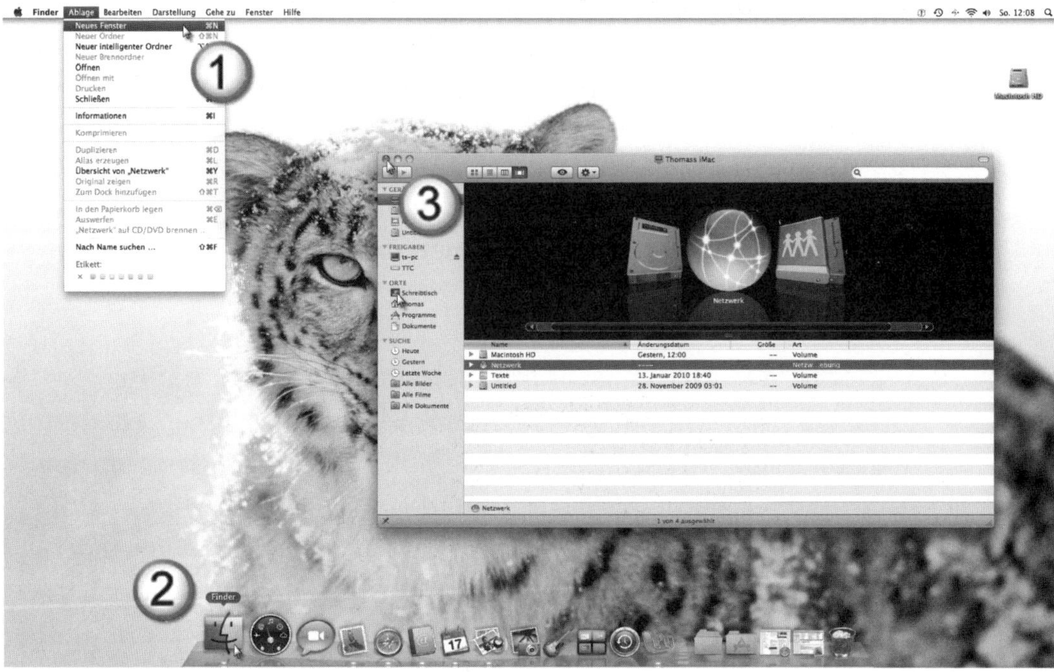

Abb. 5.20 Wählen Sie erst den Menübefehl (1), klicken Sie dann auf das Dock-Symbol (2) und schließen Sie das Finder-Fenster jedes Mal mit einem Klick auf die rote Schließen-Taste (3).

Der dritte Weg ist wahrscheinlich der schnellste – der Kurzbefehl: Halten Sie die Befehlstaste [⌘] gedrückt und drücken Sie [N]. Das Finder-Fenster erscheint. Drücken Sie spaßeshalber den Kurzbefehl fünfmal hintereinander, erscheinen fünf weitere Finder-Fenster. Schließen Sie vier davon mit einem Klick auf die rote *Schließen*-Taste und lassen Sie ein Finder-Fenster geöffnet, damit Sie die Funktionen der einzelnen Elemente des Finder-Fensters, die wir Ihnen im folgenden Abschnitt vorstellen, direkt nachvollziehen können.

Bedienelemente des Finder-Fensters

Das Finder-Fenster enthält eine ganze Reihe von Tasten und anderen Bedienelementen, die Ihnen in allen Mac-Programmen und -Programmfenstern immer wieder begegnen werden. In der folgenden Abbildung haben wir diese Bedienelemente gekennzeichnet und benannt. Wir stellen sie Ihnen dann von oben nach unten vor.

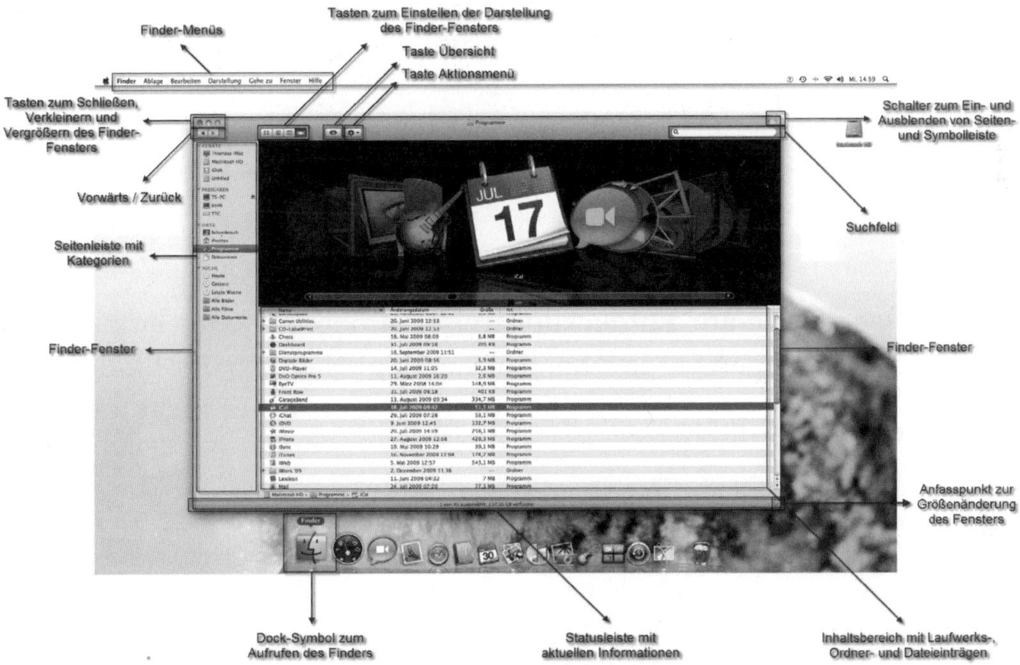

Abb. 5.21 Die wichtigsten Bedienelemente des Finders im Überblick.

Finder-Menüs

Die Menüs des Finders erscheinen in der Menüleiste, wenn der Finder bzw. ein Finder-Fenster aktiv ist. Auch das ist eine Mac-Eigenart: Arbeiten Sie mit mehreren Programmen bzw. Programmfenstern gleichzeitig, erscheinen in der Menüleiste immer die Menüs des Programms, dessen Programmfenster Sie gerade benutzen. Der Finder stellt nur insofern einen Sonderfall dar, als er auch dann „aktiv" ist, wenn Sie überhaupt kein Programm aufgerufen haben und daher auch kein Programmfenster aktiv ist.

Die Menüs des Finders stellen Ihnen sämtliche Funktionen und Einstellungsmöglichkeiten zur Verfügung, die der Finder zu bieten hat – allerdings auf recht umständliche Weise. Wesentlich einfacher und schneller erledigen Sie dies mit den Tasten und anderen Bedienelementen des Finder-Fensters.

Menüs verhalten sich kontextbezogen

Beim Finder ist es wie bei vielen anderen Programmen: Welche Optionen Ihnen die Menüs zur Verfügung stellen, ist auch abhängig davon, was Sie im Programm- bzw. Finder-Fenster ausgewählt haben.

Gehen Sie auf Entdeckungsreise, öffnen Sie jedes Finder-Menü und schauen Sie sich an, welche Möglichkeiten der Finder Ihnen bietet. Ist ein Eintrag grau dargestellt, kann er nicht angewählt werden.

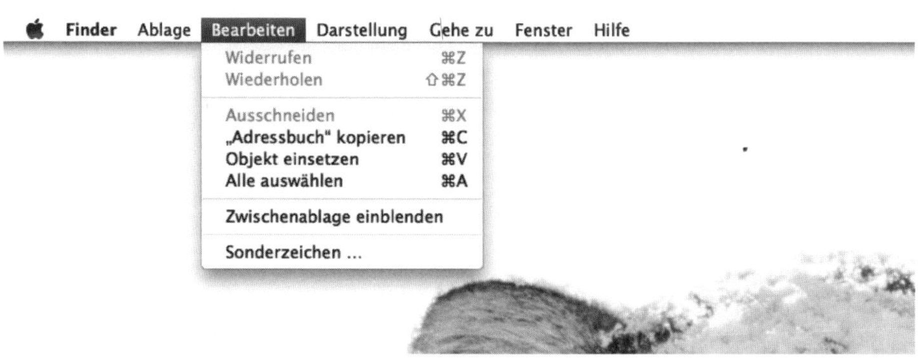

Abb. 5.22 Machen Sie sich mit den Menüs des Finders vertraut.

Fenstertasten

Die drei Fenstertasten, die Sie links oben im Finder-Fenster sehen, gibt es in allen Fenstern. Sie „leuchten" rot, gelb und grün und dienen zum Schließen (rot), Verkleinern (gelb) und Vergrößern (grün) des Fensters.

Klicken Sie auf die rote Taste, schließt sich das Fenster komplett und verschwindet restlos vom Bildschirm.

Klicken Sie die gelbe Taste, schließt sich das Fenster und „saust" in den Dokumentbereich des Docks, aus dem Sie es mit einem Klick wieder auf den Bildschirm holen – was Sie sogleich ausprobieren können: Klicken Sie auf die gelbe Fenstertaste und bringen Sie das Finder-Fenster dann mit einem Klick auf das Docksymbol wieder zu Vorschein (s. Abb. 5.23).

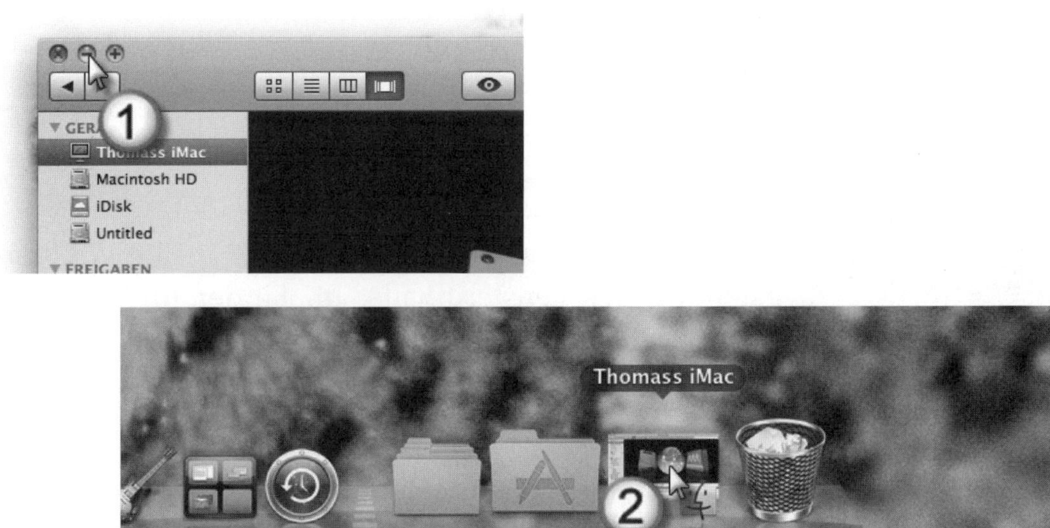

Abb. 5.23 Klicken Sie zum Verkleinern des Fensters auf die gelbe Fenstertaste (1) und vergrößern Sie es dann mit einem Klick auf das Dock-Symbol (2).

Klicken Sie auf die grüne Taste, wird das Fenster nicht etwa auf die maximal mögliche, sondern auf eine optimale Größe vergrößert. Da diese allerdings nicht immer angemessen ist, müssen

Sie beim Vergrößern eines Programmfensters häufig mit dem *Anfasspunkt* nachhelfen, der weiter unter beschrieben ist.

Vorwärts/Zurück

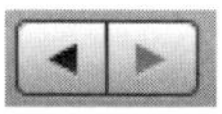

Mithilfe der beiden Pfeiltasten können Sie im Programmfenster blättern. Im Finder und in vielen anderen Programmen bekommen Sie, wenn Sie irgendwelche Aktionen ausführen – sich z. B. mit Safari unterschiedliche Internetseiten anschauen – unterschiedliche Fensterinhalte angezeigt. Das Programm merkt sich die Inhalte und gibt Ihnen die Möglichkeit, mit den Pfeiltasten zwischen diesen Inhalten zu wechseln.

Um einen Eindruck davon zu bekommen, was mit Vor- und Zurückblättern gemeint ist, klicken Sie bitte in der linken Seitenleiste des Finders in der Kategorie *Orte* nacheinander auf die Einträge *Schreibtisch, Programme* und *Dokumente*. Der Finder zeigt Ihnen bei jedem Klick den Inhalt des jeweiligen Ortes an. Klicken Sie nun mehrmals auf die Pfeiltasten zum Zurück- bzw. Vorwärtsblättern und beobachten Sie, was geschieht.

Darstellungstasten

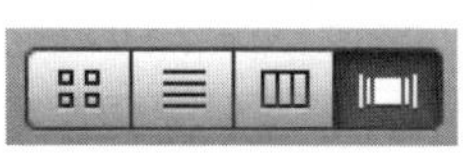

Mit den Darstellungstasten verändern Sie die Art der Darstellung des Fensterinhalts. Im Finder und einigen anderen Programmen haben Sie die Wahl zwischen den Darstellungen *Symbole, Liste, Spalten* und *CoverFlow,* die Sie übrigens auch über das Menü *Darstellung* wählen können.

Was sich dabei ändert, können Sie selbst ausprobieren: Klicken Sie in der Seitenleiste des Finders in der Kategorie *Orte* auf den Eintrag *Programme* und klicken Sie dann nacheinander auf die Darstellungstasten (s. Abb. 5.24).

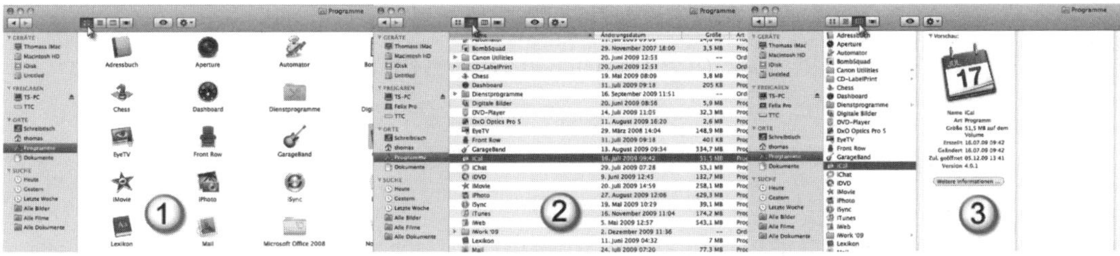

Abb. 5.24 Die Programmübersicht in den Darstellungen Symbole (1), Liste (2) und Spalten (3).

Die Darstellung CoverFlow ist grafisch attraktiv und wesentlich praktischer, als es vielleicht zuerst den Anschein hat. Sie sehen, dass die Symbole der einzelnen Programme dabei geradezu riesig groß angezeigt werden (s. Abb. 5.25).

Abb. 5.25 Attraktiv, aber gewöhnungsbedürftig: die Darstellung CoverFlow.

Den Inhalt des Symbolanzeigebereichs können Sie ganz einfach mit der Maus bewegen, indem Sie den Schieberegler, der unterhalb der Symbole angezeigt wird, bewegen. Alternativ geht es sogar noch schneller: Wenn Sie den Mauszeiger in den Symbolbereich führen und dann „scrollen“, können Sie blitzschnell alle Programmsymbole durchblättern.

Scrollen mit Maus oder Trackpad

Kurz zur Erinnerung: Bei der Mighty Mouse verwenden Sie zum Rollen den Scroll-Ball, bei der Magic Mouse streichen Sie mit einem Finger über die Oberfläche der Maus und beim Trackpad streichen Sie mit zwei Fingern. Egal, welches Zeigegerät Sie verwenden, der Mauszeiger muss sich im Bereich der Programmsymbole befinden.

Es ist natürlich nicht Sinn und Zweck der CoverFlow-Darstellung, Ihnen möglichst große Symbole zu zeigen, sondern schnell und einfach einen Überblick und eine Zugriffsmöglichkeit zu geben. Und dies nicht nur – wie in diesem Fall – in Bezug auf die Programme, die sich auf Ihrem Mac befinden, sondern auf alle Objekte, die Sie sich vom Finder oder anderen Programmen anzeigen lassen. Statt der Symbole erscheinen nämlich bei Ordnern und Dokumenten Vorschauansichten, anhand deren Sie bereits auf den Inhalt schließen können. Haben Sie das Objekt Ihrer Begierde gefunden, können Sie es mit einem Doppelklick öffnen.

Übersichtstaste

Lassen Sie sich einen Ordner oder ein Programm im Finder anzeigen, blenden Sie mit der Übersichtstaste, die Sie mit einem Klick auf die runde X-Taste oben links im Infofenster wieder schließen, eine Zusatzinformation über die Größe und das letzte Änderungsdatum ein.

Leertaste statt Übersichtstaste

Alternativ können Sie – was meist schneller geht – die `Leertaste` drücken, statt auf die Übersichtstaste zu klicken.

Abb. 5.26 Bei einem Programm- oder Ordnereintrag blenden Sie mit der Übersichtstaste (1) ein Infofenster ein, das Sie mit einem Klick auf die *X*-Taste (2) schließen können.

Lassen Sie sich ein Dokument anzeigen und klicken dann auf die Übersichtstaste, erscheint eine Vorschau des Dokuments, in der Sie bei mehrseitigen Dokumenten sogar scrollen können. Sie schließen die Vorschau auch mit einem Klick auf die *X*-Taste.

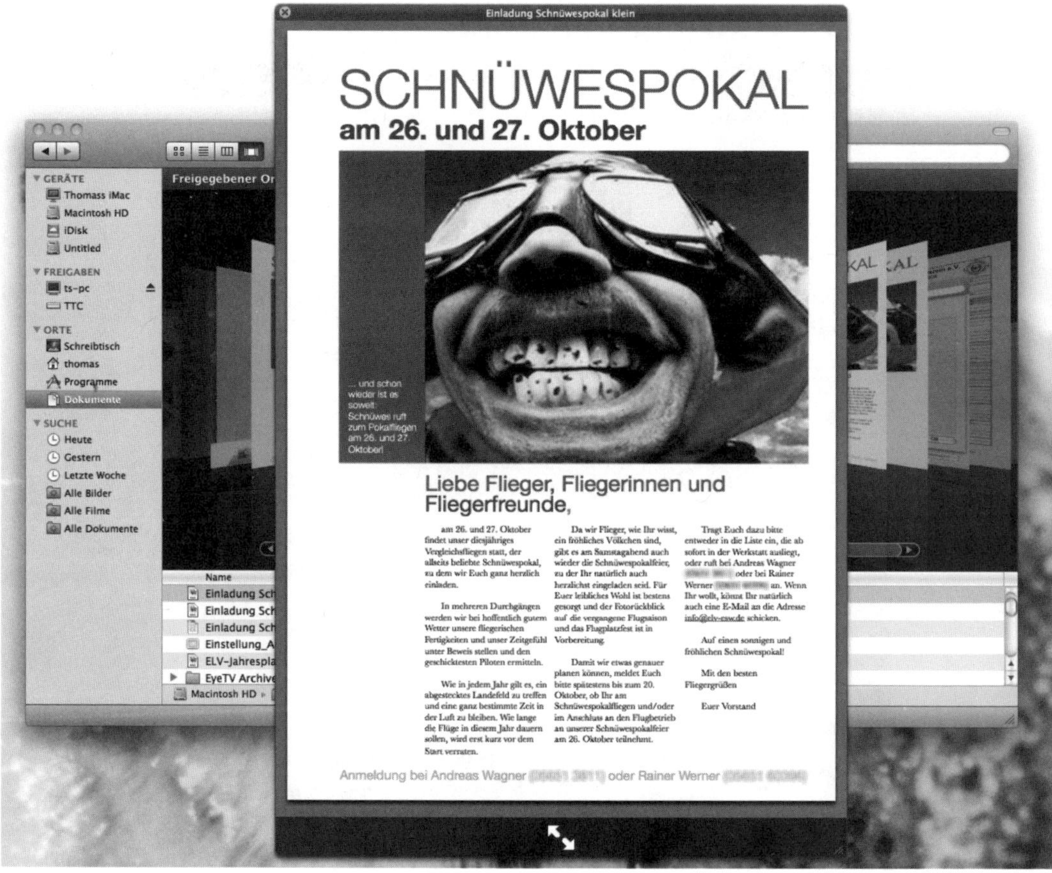

Abb. 5.27 Klicken Sie bei einem Dokument auf die Übersichtstaste, erscheint eine Vorschau.

Aktionsmenütaste

Klicken Sie auf die Aktionsmenütaste, erscheint passend zum Objekt, das Sie sich im Finder gerade anzeigen lassen, ein Menü, das die wichtigsten Aktionen und Funktionen enthält, die es für dieses Objekt gibt. Da die Auswahl der Einträge des Aktionsmenüs immer im Zusammenhang mit dem angewählten Objekt steht, wird das Aktionsmenü häufig auch als Kontextmenü bezeichnet.

Abb. 5.28 Die Aktionsmenütaste blendet ein Menü mit den wichtigsten Aktionen und Funktionen ein.

Kurzbefehl `Ctrl` + Mausklick bei allen Objekten auch außerhalb des Finders

Das Aktionsmenü lässt sich auch mit dem Kurzbefehl `Ctrl` + Mausklick auf ein Objekt aufrufen, was oft sehr hilfreich sein kann. Der Kurzbefehl funktioniert nicht nur im Finder, sondern überall.

Suchfeld

Das Suchfeld rechts oben im Finder-Fenster funktioniert so ähnlich wie Spotlight, die Suche, die Sie über die Menüleiste aufrufen. Wenn Sie in das Finder-Fenster-Suchfeld einen Suchbegriff eingeben, durchforstet die Suche den gesamten Computer nach passenden Programmen, Ordnern und Dokumenten. Durchsucht werden dabei nicht nur Programm-, Ordner- und Dokumentnamen, sondern auch Inhalte. Anders als bei Spotlight präsentiert Ihnen die Finder-Fenstersuche das Suchergebnis im Inhaltsbereich des Finders und ordnet es keinen Kategorien zu.

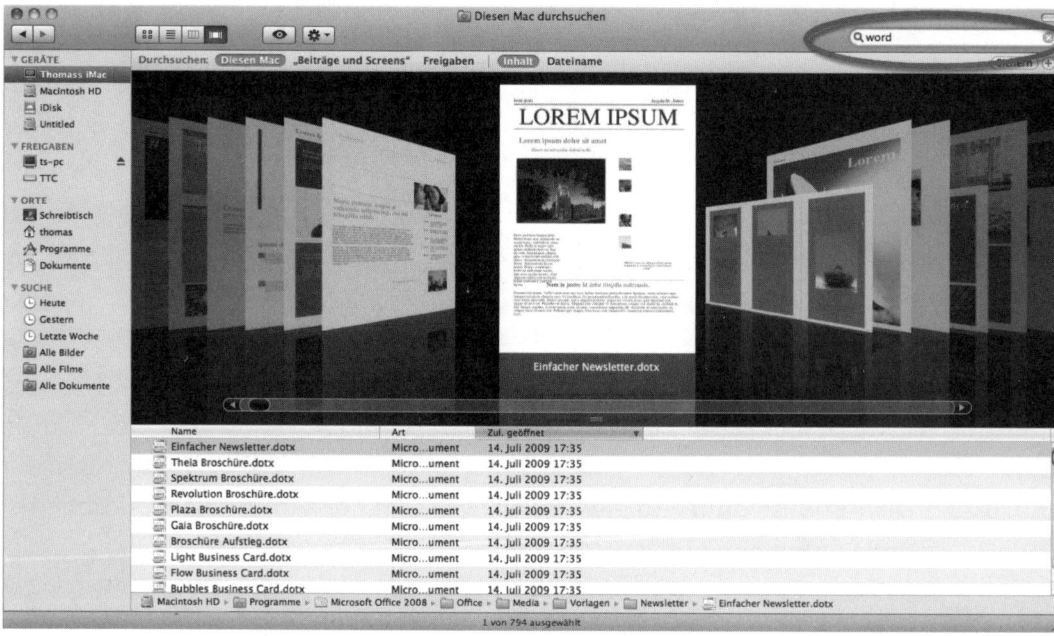

Abb. 5.29 Geben Sie in das Suchfeld einen Suchbegriff ein, erscheint das Suchergebnis im Inhaltsbereich.

Seitenleiste

Die Seitenleiste, die Sie am linken Rand des Finder-Fensters sehen, ist Ihre Navigationsleiste. Hier bestimmen Sie, was Ihnen im Inhaltsbereich angezeigt wird. In den Kategorien *Geräte, Freigaben, Orte* und *Suche* können Sie mit einem einzigen Mausklick festlegen, was Sie angezeigt haben möchten.

Die Seitenleiste blenden Sie mit dem Schalter oben rechts im Finder-Fenster ein und aus.

Inhaltsbereich

Der Inhaltsbereich zeigt Ihnen den Inhalt des Geräts oder Ortes, den Sie in der Seitenleiste angewählt haben. Wie der Inhalt angezeigt wird, ist abhängig von der Darstellung, die Sie mit den Darstellungstasten oder im Menü *Darstellung* gewählt haben.

Statusleiste

Die Statusleiste zeigt Ihnen wichtige Zusatzinformation zu den Objekten, die Sie im Finder-Fenster angezeigt bekommen und ausgewählt haben. Außerdem ist in der Statusleiste immer angegeben, wie viel Speicherplatz auf dem aktuellen Datenträger noch vorhanden ist.

Die Statusleiste wird zusammen mit der Seitenleiste aus- und eingeblendet.

Anfasspunkt zur Größenänderung

Der Anfasser oder Anfasspunkt, der unten links im Finder-Fenster mit einem gestrichelten Dreieck kenntlich gemacht wird, ist in allen Programm- und Dokumentfenstern zu finden. Er zeigt Ihnen an, wo Sie mit dem Mauszeiger ansetzen können, um die Fenstergröße zu ändern.

Das probieren Sie jetzt einmal aus: Führen Sie den Mauszeiger über das Dreiecksymbol unten rechts im Finder-Fenster, drücken Sie Maus- oder Trackpad-Taste, halten Sie sie gedrückt und bewegen Sie den Mauszeiger – die rechte und die untere Begrenzungslinie des Fensters folgen den Bewegungen des Zeigers. Verkleinern und vergrößern Sie das Fenster. Lassen Sie die Maustaste los, bleibt das Fenster in der so vorgegebenen Größe.

Abb. 5.30 Fassen Sie das Finder-Fenster und verkleinern und vergrößern Sie es.

Komplett verschieben – kein Problem!

Nur die Fenster, die einen Anfasspunkt haben, lassen sich in der Größe verändern. Sie können aber jedes Fenster komplett verschieben. Dazu brauchen Sie es nur mit der Maus wie beschrieben an einer freien Stelle der grauen Titelleiste zu fassen – solange Sie dann die Maus- oder Trackpad-Taste gedrückt halten, folgt das Fenster der Mausbewegung.

Kapitel 6
So passen Sie Ihren Mac an

Es ist ein Leichtes, den Mac Ihren Wünschen anzupassen. Die zentrale Anlaufstelle dafür ist das Dialogfenster *Systemeinstellungen*, das Sie über das Apple-Menü aufrufen. In diesem Kapitel erfahren Sie, was Sie dort alles einstellen können, wie dies funktioniert und welche Systemanpassungen sinnvoll sind. Außerdem wird gezeigt, wie Sie die Programm- und Ordnerauswahl im Dock verändern und das Dashboard mit seinen Miniprogrammen, den Widgets, einstellen können. Hier wird auch beschrieben, wie der Schneeleopard zum Schreibtischhintergrundbild wird.

6.1 Systemeinstellungen

In den Systemeinstellungen legen Sie alle Grundeinstellungen fest, die z. B. das Erscheinungsbild, die allgemeine Sicherheit und die Geräte betreffen, die an Ihren Mac angeschlossen sind. Egal, ob es um das Hintergrundbild, die Doppelklickgeschwindigkeit oder die Energiespareinstellungen geht – in den Systemeinstellungen sind Sie richtig.

Systemeinstellungen aufrufen und verwenden

Sämtliche Systemeinstellungen sind in einem Dialogfenster zusammengefasst, das Sie über das Apple-Menü aufrufen – was Sie gleich einmal ausprobieren: Klicken Sie auf das Apfelsymbol in der Menüleiste und dann auf den Menüeintrag *Systemeinstellungen*.

Abb. 6.1 Öffnen Sie das Apple-Menü mit einem Klick auf das Apfelsymbol (1) und klicken Sie dort auf den Eintrag *Systemeinstellungen* (2).

Auf Ihrem Bildschirm erscheint das Dialogfenster *Systemeinstellungen* und in der Menüleiste werden die dazugehörenden Menüs angezeigt.

Abb. 6.2 Gleichzeitig mit dem Dialogfenster erscheinen auch die Menüs der Systemeinstellungen.

Kategorien

Die Einstellungsoptionen rufen Sie mit einem Klick auf ein Symbol auf. Das Dialogfenster zeigt Ihnen statt der Übersicht aller Systemeinstellungen dann die gewünschten Einstellungsoptionen an. Zur besseren Orientierung sind die Systemeinstellungen nach Kategorien sortiert.

Einstellungsmöglichkeiten alphabetisch im Menü *Einstellungen*

Sind die Systemeinstellungen aktiv, können Sie auch über das Menü *Einstellungen* zu den einzelnen Einstellungsmöglichkeiten gelangen. Dort werden diese alphabetisch geordnet angezeigt und können von Ihnen mit einem Klick geöffnet werden.

In der Kategorie *Persönlich* sind die Einstellungsmöglichkeiten zusammengefasst, die das Erscheinungsbild des Schreibtischs und andere „persönliche" Einstellungen wie das Hintergrundbild, den Bildschirmschoner, aber auch die allgemeine Sicherheit und Ihre Privatsphäre betreffen (s. Abb. 6.3). Letzteres bedeutet z. B., dass Sie bei den Spotlight-Einstellungen die Inhalte bestimmter Ordner von der Suche ausschließen können.

Abb. 6.3 In der Kategorie *Persönlich* geht es nicht nur um Äußerlichkeiten, sondern auch um Sicherheit und Privatsphäre.

In der Kategorie *Hardware* sind alle Einstellungsmöglichkeiten für die Geräte zusammengefasst, die angeschlossen sind – wie etwa Tastatur, Maus oder Drucker. Hier werden nur die Geräte angezeigt, die tatsächlich am Mac angeschlossen sind.

Abb. 6.4 Die Kategorie *Hardware* gruppiert die Einstellungsoptionen der tatsächlich angeschlossenen Geräte.

In der Kategorie *Internet & Drahtlose Kommunikation* können Sie die Einstellungen für den Internetzugang (=*Netzwerk*) und andere Zugriffseinstellungen vornehmen – wie etwa die Freigaben für andere Benutzer.

Abb. 6.5 In der Kategorie *Internet & Drahtlose Kommunikation* finden Sie die Interneteinstellungen unter *Netzwerk*.

In der Kategorie *System* schließlich finden Sie Einstellungsmöglichkeiten für eher „interne" Optionen – wie etwa die Kindersicherung oder die Softwareaktualisierung, bei der Sie festlegen können, in welchem zeitlichen Abstand Ihr Mac nach Aktualisierungen suchen soll. Das einzige Symbol, bei dem die Bezeichnung nicht selbsterklärend ist, ist *Time Machine*.

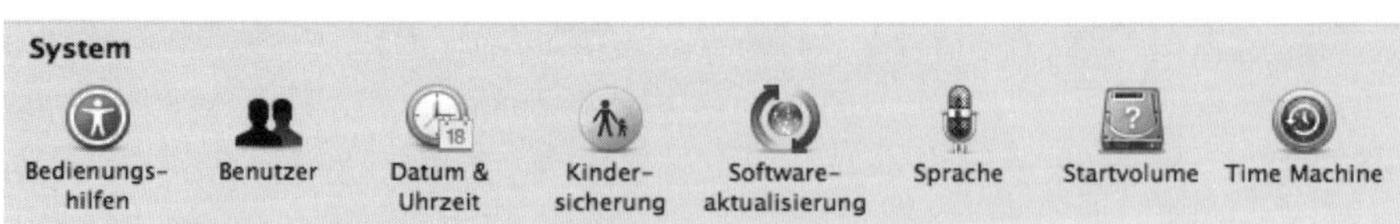

Abb. 6.6 In der Kategorie *System* sind die internen Optionen versammelt.

Time Machine sichert Ihre Daten automatisch

Time Machine („Zeitmaschine") ist das Datensicherungsprogramm Ihres Macs. Wenn Sie auf das Symbol der Time Machine klicken, können Sie die Datensicherung ein- oder ausschalten sowie Umfang und Sicherungsort bestimmen.

Time Machine sichert automatisch stündlich für die letzten 24 Stunden, täglich für den letzten Monat und wöchentlich für die vorherigen Monate.

Hintergrundbild ändern

Wie das Dialogfenster *Systemeinstellungen* funktioniert, probieren Sie am besten gleich selbst aus und ändern – ja, endlich ist es soweit! – das Hintergrundbild des Schreibtischs. Wir zeigen Ihnen hier, wie Sie den Schneeleoparden in den Hintergrund bekommen.

Rufen Sie also – falls Sie dies nicht bereits getan haben – das Dialogfenster *Systemeinstellungen* (*Apple-Menü > Systemeinstellungen*) auf und klicken Sie in der Kategorie *Persönlich* des Dialogfensters *Systemeinstellungen* auf das Symbol *Schreibtisch & Bildschirmschoner*.

Abb. 6.7 Klicken Sie in der Kategorie *Persönlich* auf das Symbol *Schreibtisch & Bildschirmschoner*.

Im Dialogfenster bekommen Sie nun die Einstellungsmöglichkeiten für den Schreibtisch angezeigt – die Einstellungsmöglichkeiten für den Bildschirmschoner können Sie mit einem Klick auf die Taste *Bildschirmschoner* aktivieren, die sich direkt neben der blau unterlegten Taste *Schreibtisch* befindet. Im Inhaltsbereich des Dialogfensters befinden sich links eine Ordnerliste und rechts ein Fenster mit Vorschaubildern. Normalerweise ist der Apple-Ordner bereits geöffnet, der Ihnen eine recht große Auswahl an Hintergrundbildern bietet, die auf mehrere Unterordner verteilt ist. Sollte der Apple-Ordner geschlossen sein, können Sie ihn mit einem Klick auf das graue Dreiecksymbol öffnen.

Schauen Sie sich ein wenig um. Wählen Sie z. B. nacheinander mehrere Unterordner des Apple-Ordners und schauen Sie sich an, welche Hintergrundbilder in den einzelnen Ordnern für Sie bereitgehalten werden. Sobald Sie im Vorschaufensterbereich auf ein Vorschaubild klicken, wird es Ihnen sofort als Hintergrundbild angezeigt. So sehen Sie sozusagen live, wie ein Bild als Hintergrundbild auf Ihrem Bildschirm wirkt.

Eigenes Foto als Hintergrundbild verwenden

Selbstverständlich können Sie auch ein eigenes Foto als Hintergrundbild einblenden lassen. Dazu wählen Sie statt des Apple-Ordners einfach den Ordner iPhoto (falls Sie Ihre Fotos mit iPhoto verwalten) oder über den Ordnereintrag den Ordner, in dem Ihre Fotos gespeichert sind.

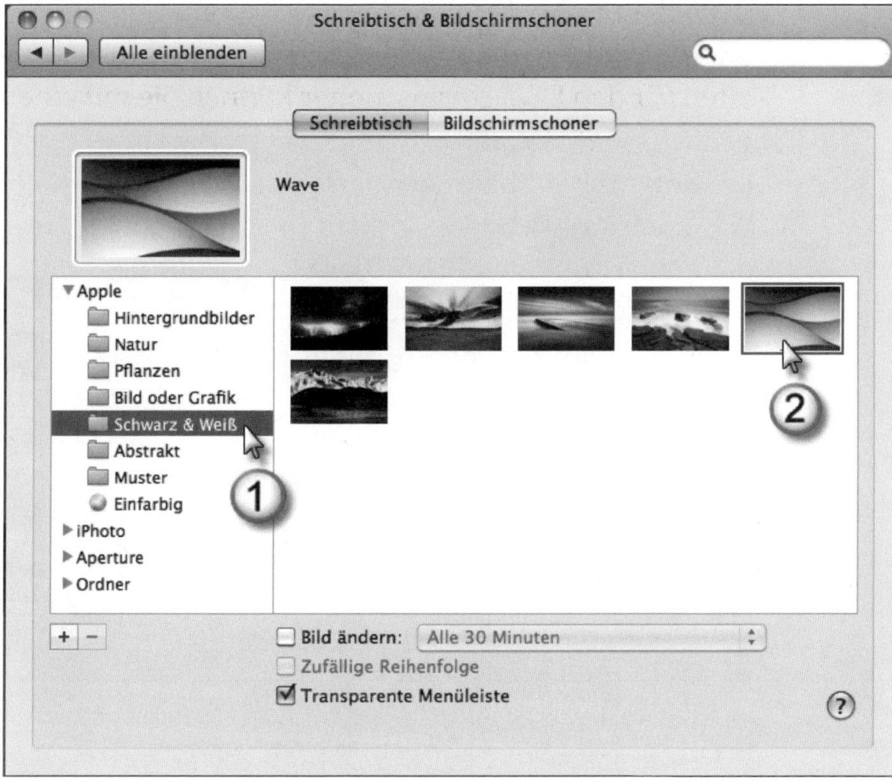

Abb. 6.8 Klicken Sie auf einen Ordnereintrag (1) und wählen Sie ein Vorschaubild (2), wird es Ihnen sofort als Hintergrundbild angezeigt.

Vielleicht finden Sie auf diese Weise schnell Ihren ganz persönlichen Favoriten. Wenn nicht, versuchen Sie es mit „unserem" Schneeleoparden: Um ihn als Hintergrundbild einzusetzen, öffnen Sie den Apple-Unterordner *Natur* und klicken auf das Vorschaubild des Schneeleoparden. Das war's eigentlich auch schon. Der Schneeleopard erscheint als Hintergrundbild und Sie könnten jetzt ohne irgendeine weitere Bestätigung das Dialogfenster *Systemeinstellungen* mit einem Klick auf die rote *Schließen*-Fenstertaste schließen. Da Sie aber noch weitere nützliche Einstellungen vornehmen möchten, schließen Sie das Dialogfenster nicht, sondern blättern mit der Pfeiltaste zurück zur Übersicht der Systemeinstellungen oder klicken auf die Taste *Alle einblenden*.

Abb. 6.9 Wählen Sie den Unterordner *Natur* (1), markieren Sie das Vorschaubild des Schneeleoparden und klicken Sie auf *Alle einblenden*(3).

Mehrere Bilder auswählen und als Bilderschau anzeigen

Wie Sie vielleicht bereits gesehen haben, können Sie auch mehrere Bilder als Hintergrundbilder verwenden. Wählen Sie dazu die gewünschten Bilder auf einmal aus – was Sie durch zusätzliches Drücken der Taste [⌘] erreichen – und Sie können dann in der Ausklappliste, die sich direkt unter dem Vorschaubereich befindet, einstellen, in welchem zeitlichen Abstand das Hintergrundbild wechseln soll – z. B. *Alle 15 Minuten*.

Wichtige Maus- und Trackpad-Einstellungen

Egal, ob Sie Ihren Mac mit der Maus oder dem Trackpad bedienen, in den Systemeinstellungen finden Sie einige Einstellungs-

und Anpassungsmöglichkeiten, die Ihnen den Einsatz Ihres Zeigegeräts ein wenig einfacher machen können. Dazu gehören bei der Maus z. B. die Aktivierung einer zweiten Maustaste sowie die Anpassung der Doppelklickgeschwindigkeit und beim Trackpad die Aktivierung zusätzlicher Fingergesten.

Mauseinstellungen

Um zu den Mauseinstellungen zu gelangen, brauchen Sie nichts weiter zu tun, als in der Übersicht des Dialogfensters *Systemeinstellungen* auf das Maussymbol zu klicken, das sich – wie könnte es anders sein – in der Kategorie *Hardware* befindet. Anschließend erscheinen im Dialogfenster die Mauseinstellungen, die auf die angeschlossene Maus abgestimmt sind.

Mithilfe der Schieberegler können Sie nun die Zeigerbewegung, die Scroll-Geschwindigkeit und die Doppelklickgeschwindigkeit jeweils von *Langsam* bis *Schnell* einstellen. Jede Geschwindigkeitsänderung wird sofort umgesetzt, sodass Sie die Wirkung Ihrer Änderungen direkt überprüfen können.

Sowohl bei der Mighty als auch bei der Magic Mouse können und sollten Sie den Sekundärklick aktivieren. Dadurch bescheren Sie Ihrer Maus eine zusätzliche zweite Maustaste, die Sie verwenden können, um jederzeit mit einem Mausklick das Aktionsmenü (=Kontextmenü) aufzurufen – was die Arbeit nachhaltig vereinfacht.

Um den Sekundärklick und damit die zusätzliche Maustaste einzuschalten, klicken Sie auf das Kontrollfeld und legen durch einfache Auswahl fest, ob es sich dabei um eine rechte (falls Sie Rechtshänder/in sind) oder eine linke Maustaste (falls Sie Linkshänder/in sind) handeln soll.

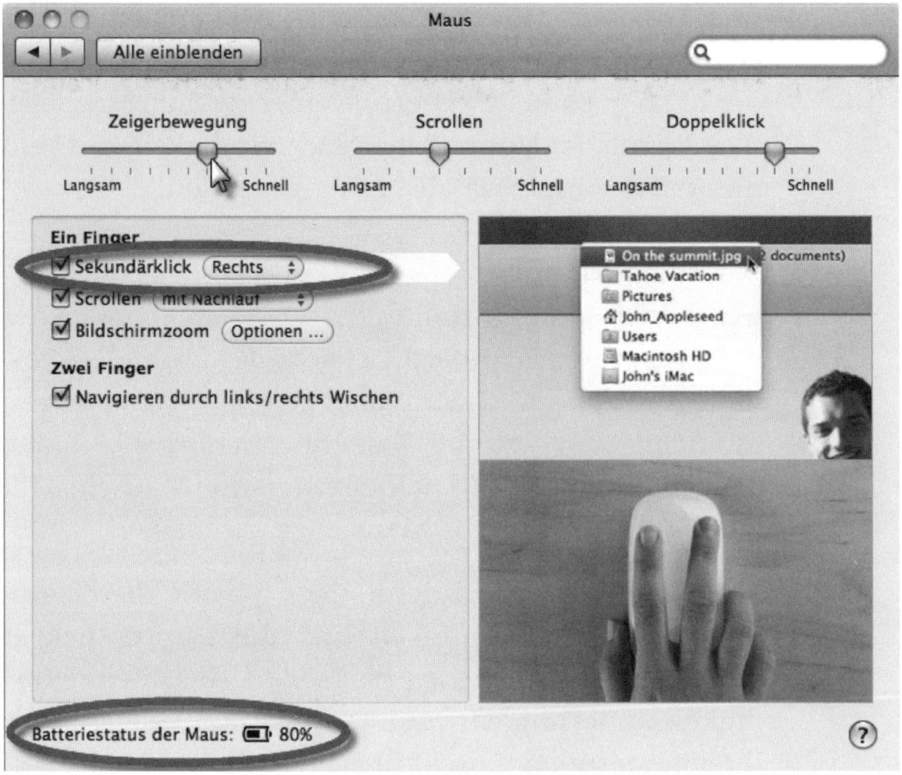

Abb. 6.10 Die Mauseinstellungen geben Ihnen Gelegenheit, den Sekundärklick zu aktivieren, und zeigen den Batteriestatus an.

Zusätzliche Maustaste gleich in Aktion

Was Sie mit einer zusätzlichen Maustaste anstellen können, zeigen wir Ihnen in einem der folgenden Abschnitte am Beispiel der Anpassung des Docks, die Sie mithilfe der zusätzlichen Maustaste wesentlich einfacher vornehmen können. Beim Trackpad ist die zusätzliche Maustaste übrigens bereits fester Bestandteil der Gestensteuerung (zwei Finger + Klick).

Wenn Sie eine kabellose Maus verwenden, ist in den Mauseinstellungen eine Batteriestatusanzeige vorhanden. Bei der Magic Mouse werden Ihnen auch kleine Bedienhilfevideos gezeigt, bei denen Sie genau erkennen, wie die Gestensteuerung der Maus funktioniert. Die Geste bestimmen Sie, indem Sie den Mauszeiger – ohne zu klicken! – auf einen Gesteneintrag führen.

Aktivieren Sie auf jeden Fall den Sekundärklick und klicken Sie die Taste *Alle einblenden*, um zur Übersicht der Systemeinstellungen zurückzukehren.

Trackpad-Einstellungen

Auch das Trackpad Ihres MacBooks können Sie anpassen und die Geschwindigkeiten der Zeigerbewegung, des Doppelklick-Intervalls und des Scrollens mit Schiebereglern so einstellen, dass das Temperament des Trackpads Ihrem eigenen entspricht. Die Schieberegler lassen sich genauso bedienen wie z. B. der Schieberegler der Lautstärkeregelung. Da jede Änderung sofort auf das Verhalten des Trackpads übertragen wird, können Sie die Wirkung der Geschwindigkeitsanpassungen direkt kontrollieren.

Zu den Trackpad-Einstellungen gelangen Sie, wenn Sie in der Übersicht der Systemeinstellungen in der Kategorie *Hardware* auf das Symbol *Trackpad* klicken.

Hier können Sie außerdem bestimmte Fingergesten durch Klick auf das Kontrollfeld vor dem Gesteneintrag aktivieren bzw. deaktivieren. Das Häkchen zeigt Ihnen an, dass eine Fingergeste aktiviert ist.

Mac-typisch ist, dass Ihnen jede Fingergeste in einem Video vorgeführt wird, sodass Sie genau sehen können, wie sie ausgeführt wird und was sie bewirkt. Es wird Ihnen immer die Geste vorgeführt, über der sich in der Optionsliste der Mauszeiger gerade befindet. Lassen Sie sich auf diese Weise in Ruhe alle Fingergesten vorführen und entscheiden Sie, welche Gesten Sie einsetzen möchten.

Die Videos haben noch einen anderen praktischen Vorteil: Wenn Sie noch nicht ganz vertraut mit den einzelnen Gesten sind, können Sie die Systemeinstellungen jederzeit als „Gestenreferenz" verwenden.

Haben Sie Ihre Einstellungen vorgenommen, klicken Sie auf die Taste *Alle einblenden*, um zur Übersicht der Systemeinstellungen zurückzukehren.

Abb. 6.11 Bei den Trackpad-Einstellungen wird Ihnen jede Fingergeste in einem Video vorgeführt.

Entdeckungsreise mit Reiseführer

Jetzt können Sie sich allein auf Entdeckungsreise begeben und erkunden, welche Anpassungsmöglichkeiten in den Systemeinstellungen für Sie geboten werden. Keine Angst, Sie sind dabei nicht ganz allein. Wenn Sie wollen, steht Ihnen ein „Reiseführer" in einer Kontexthilfe zur Seite. Auf jeder Seite des Dialogfensters

Systemeinstellungen befindet sich unten rechts nämlich ein kleines Fragezeichensymbol. Wenn Sie darauf klicken, öffnet sich ein Hilfefenster, das Ihnen detaillierte Informationen zu den aktuellen Einstellungsmöglichkeiten anzeigt. Sind Ihre Fragen beantwortet, schließen Sie das Hilfefenster mit einem Klick auf den roten Schließen-Knopf.

Machen Sie sich also auf den Weg und erkunden Sie die Systemeinstellungen. Ändern Sie dabei Einstellungen ruhig probehalber. Alles, was Sie einstellen, können Sie auch wieder zurückstellen.

Haben Sie Ihre Entdeckungsreise beendet, schließen Sie die Systemeinstellungen mit einem Klick auf den roten Schließen-Knopf des Dialogfensters.

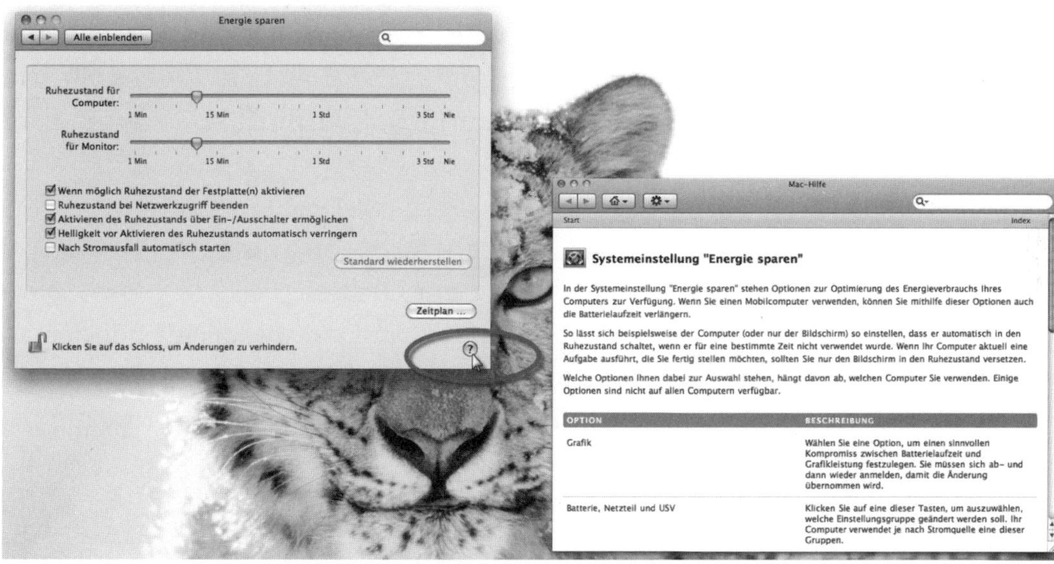

Abb. 6.12 Klicken Sie auf das Fragezeichen, erscheint ein Hilfefenster mit Zusatzinformationen.

6.2 Programm- und Ordnerauswahl im Dock anpassen

Das Dock ist eines der wichtigsten Bedienelemente des Macs. Wie Sie allerdings schnell feststellen werden, enthält es Symbole von Programmen, die Sie überhaupt nicht nutzen, während andererseits Symbole von Programmen, die Sie häufig verwenden, nicht im Dock vorhanden sind. Wie ändern Sie also die Auswahl der Programm- und Ordnersymbole im Dock, wie können Sie die Symbole von Programmen entfernen, die Sie nie oder höchst selten nutzen, und wie Symbole hinzufügen? Wie immer beim Mac – ganz einfach!

Programm- und Ordnersymbole entfernen

Um ein Programm- oder Ordnersymbol aus dem Dock zu entfernen, brauchen Sie nichts weiter zu tun, als das Symbol aus dem Dock heraus auf den Schreibtisch zu ziehen. Lassen Sie die Maus- oder Trackpad-Taste dann los, „verpufft“ das Symbol in einer Rauchwolke.

Es werden nur die Symbole entfernt, nicht die dazugehörigen Programme oder Ordner
Das Entfernen von Symbolen aus dem Dock hat nichts mit dem Löschen von Programmen oder Ordnern zu tun. Sie entfernen lediglich das grafische Symbol, nicht das dazugehörige Programm oder den dazugehörigen Ordner.

Sie glauben es nicht? Probieren Sie's aus und entfernen Sie das Programmsymbol *Spaces* aus dem Dock. Sie können es bei Bedarf jederzeit wieder einfügen.

Führen Sie den Mauszeiger auf das Spaces-Symbol, drücken Sie die Maus- oder Trackpad-Taste, halten Sie sie gedrückt und bewegen Sie das Symbol auf den Schreibtisch. Neben dem Symbol erscheint bereits ein kleines Wölkchen. Lassen Sie die Taste los, erscheint statt des Symbols kurz ein großes Wölkchen und das Symbol ist verschwunden.

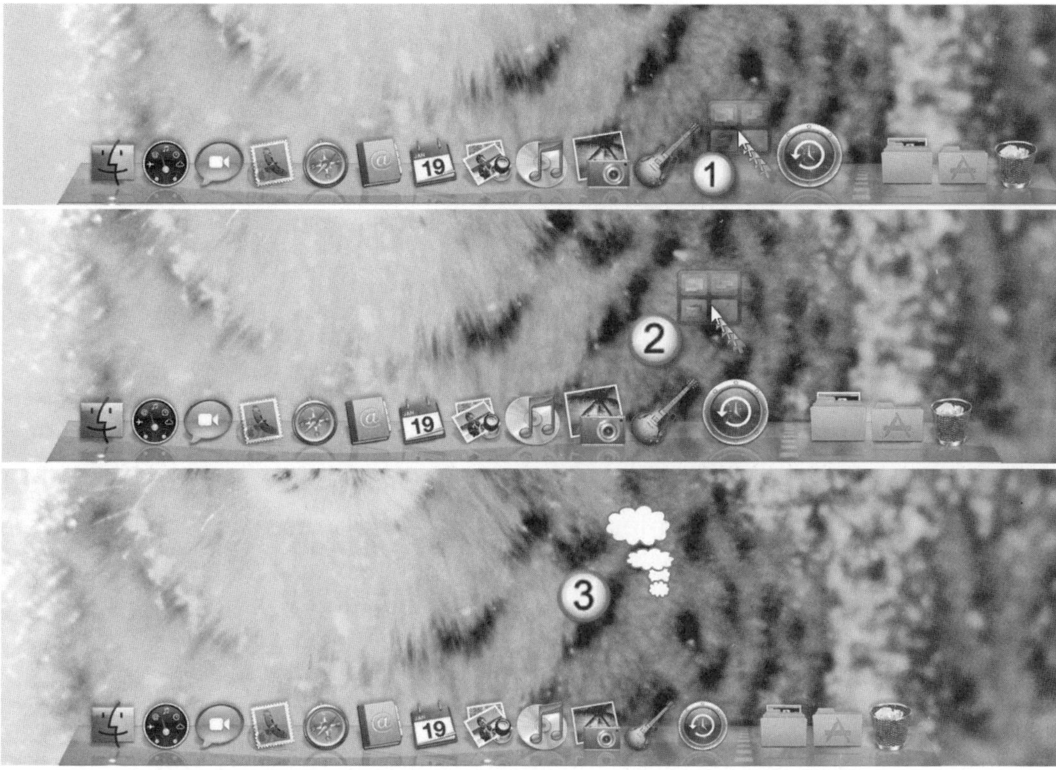

Abb. 6.13 Ziehen Sie das Symbol aus dem Dock heraus (1) auf den Schreibtisch (2) und lassen Sie die Maus- oder Trackpad-Taste los (3).

Alternativ und noch zielgerichteter können Sie ein Symbol mithilfe des Aktionsmenüs aus dem Dock entfernen. Klicken Sie dazu kurz mit der sekundären Maustaste auf das Symbol, falls Sie sie aktiviert haben, oder „drücken" Sie das Symbol etwas länger mit der Maustaste. Benutzen Sie ein Trackpad, führen Sie den Mauszeiger auf das Symbol und drücken die Trackpad-Taste etwas länger oder verwenden die Fingergeste „2-Finger + Klick". Egal wie, in jedem Fall erscheint das Aktionsmenü, in dem Sie dann die Einträge *Optionen > Aus dem Dock entfernen* anwählen können.

Abb. 6.14 Sie können ein Symbol auch über das Aktionsmenü entfernen.

Programm- und Ordnersymbole hinzufügen

Entfernen ist das Eine, Hinzufügen von Programm- und Ordnersymbolen das Andere, was Sie beim Dock Ihres Macs machen sollten, um es Ihrem tatsächlichen Bedarf anzupassen. Und natürlich funktioniert das Ganze so ähnlich wie beim Entfernen von Symbolen, eben nur umkehrt – entweder ziehen Sie das gewünschte Symbol in das Dock oder Sie verwenden dafür einen Eintrag aus dem Aktionsmenü.

Beim ersten Verfahren ziehen Sie den gewünschten Symboleintrag aus dem Finder ins Dock. Dabei gehen Sie, was Sie gleich ausprobieren sollten, auf folgende Weise vor: Öffnen Sie mit einem Klick auf das Findersymbol im Dock ein Finderfenster und lassen Sie sich die Programme anzeigen. Ziehen Sie nun den Programmeintrag oder das Programmsymbol des gewünschten Programms direkt an die Stelle des Docks, an der das Docksymbol erscheinen soll, und lassen Sie die Maus- oder Trackpad-Taste los. Voilá! Das Programmsymbol ist fest im Dock verankert.

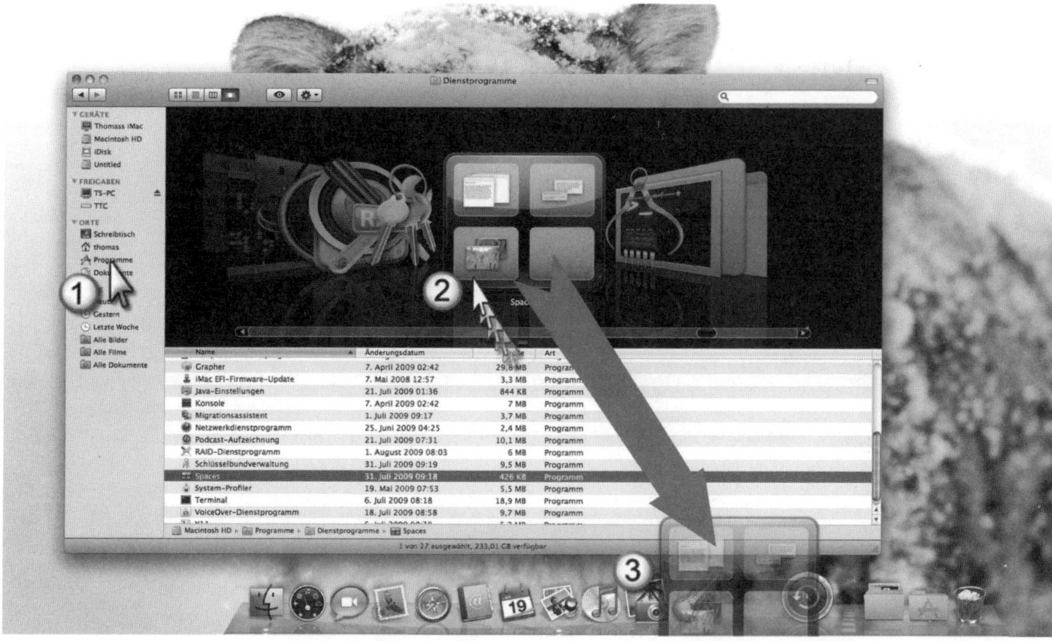

Abb. 6.15 Wählen Sie im Finder-Fenster den Programmbereich (1), fassen Sie den Programmeintrag (2) und ziehen Sie ihn an die gewünschte Dockposition (3).

Bei Ordnern verfahren Sie auf gleiche Weise.

Programmsymbole können Sie alternativ auch über das Aktionsmenü im Dock verankern. Dazu rufen Sie das gewünschte Programm mit dem Finder oder Spotlight auf. Das Programmsymbol erscheint dann ja automatisch im Dock. Nun klicken Sie kurz mit der sekundären Maustaste auf das Programmsymbol oder „drücken" das Symbol etwas länger mit der Maustaste. Benutzen Sie ein Trackpad, führen Sie den Mauszeiger auf das Symbol und drücken die Trackpad-Taste etwas länger oder Sie verwenden die Fingergeste „2-Finger + Klick". Das Aktionsmenü erscheint, in dem Sie nun die Einträge *Optionen > Im Dock behalten* wählen.

Abb. 6.16 Rufen Sie mit dem Finder das gewünschte Programm auf (1 und 2) und wählen Sie im Aktionsmenü des Docksymbols den Eintrag *Im Dock behalten*.

6.3 Dashboard

Das Dashboard, das Sie entweder über das Dashboard-Symbol des Docks oder mit der Dashboard-Taste aufrufen, kann Ihnen gute Dienste leisten, wenn Sie z. B. schnell einen englischen Begriff nachschlagen möchten oder einen Taschenrechner brauchen. Ganz hervorragende Dienste leistet es Ihnen, wenn Sie die Miniprogramme (Widgets), die Ihnen das Dashboard zeigt, auf Ihren Bedarf abstimmen.

Widgets anpassen oder entfernen

Einige Widgets müssen erst angepasst werden, bevor Sie Ihnen brauchbare Informationen liefern. So müssen Sie beim Wetter-

Widget einen Ort – zum Beispiel Ihren Wohnort – angeben ober bei der Aktienauskunft bestimmte Aktien auswählen. Widgets sind zum Glück soweit standardisiert, dass ihre Anpassung immer auf die gleiche Weise erfolgt.

Um ein Widget anzupassen, blenden Sie das Dashboard ein und führen den Mauszeiger auf das Widget, das Sie anpassen möchten. In der rechten unteren Ecke erscheint ein Informationssymbol. Klicken Sie auf das i-Symbol, dreht sich das Widget und zeigt Ihnen rückseitig seine Einstellungsmöglichkeiten. Sie wählen dort die gewünschten Optionen aus oder tragen notwendige Informationen ein und klicken dann auf die Taste *Fertig* (s. Abb. 6.17). Das Widget dreht sich, zeigt Ihnen die Vorderseite und ist angepasst.

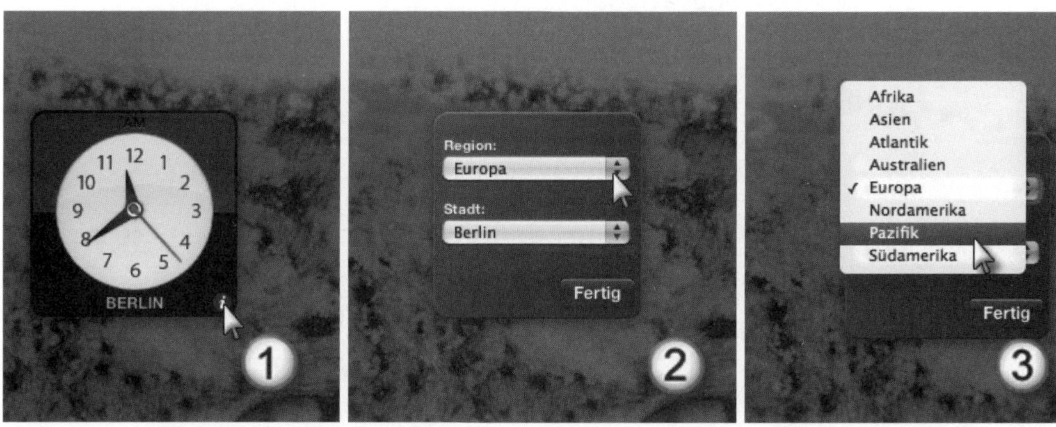

Abb. 6.17 Zum Anpassen eines Widgets klicken Sie auf das i-Symbol (1) und wählen die Optionen (2 und 3).

Stellen Sie fest, dass ein Widget überflüssig ist, sollten Sie es entfernen. Dazu rufen Sie das Dashboard auf und klicken auf die große runde Plustaste, die Ihnen links unten auf Ihrem Bildschirm angezeigt wird. Daraufhin wird eine Widget-Leiste eingeblendet und jedes vorhandene Widget mit einer runden X-Taste versehen. Mit einem Klick auf diese X-Taste können Sie das dazugehörige Widget nun zum Verschwinden bringen.

Abb. 6.18 Um ein Widget zu entfernen, klicken Sie auf die Plustaste (1) und dann auf die X-Taste des Widgets (2).

Widgets hinzufügen

Das Hinzufügen von Widgets ist ebenfalls ganz einfach.

Wenn Sie das Dashboard aufgerufen haben, klicken Sie auf die runde Plustaste in der linken unteren Ecke Ihres Bildschirms. Es wird dann die Widget-Leiste eingeblendet, in der Ihnen die Symbole von gut zwei Dutzend Widgets angezeigt werden, die in Ihrem Mac enthalten sind. Es genügt ein Klick auf eines der Symbole, um das Widget zu aktivieren und einzublenden.

Solange die Widget-Leiste eingeblendet wird, können Sie jedes Widget mit dem Mauszeiger fassen und beliebig positionieren. Ist alles ausgerichtet, schließen Sie die Widget-Leiste mit einem Klick auf die X-Taste in der linken unteren Ecke Ihres Bildschirms.

Die bordeigenen Widgets sind aber nur die Spitze des Eisbergs – im Internet warten mehrere Hundert Widgets darauf, von Ihnen eingesetzt zu werden. Das Verfahren, mit dem Sie diesen Widget-Eisberg anzapfen und geeignete Widgets auf Ihren Mac bekommen, ist ebenfalls sehr einfach – Voraussetzung ist natürlich, dass Ihr Mac mit dem Internet verbunden ist. Ist dies der Fall, gehen Sie auf folgende Weise vor:

Abb. 6.19 Um ein eigenes Widget hinzuzufügen, aktivieren Sie die Widget-Leiste (1), klicken auf das Widget-Symbol (2) und richten es aus (3).

Rufen Sie das Dashboard auf, öffnen Sie die Widget-Leiste und klicken Sie auf die Taste *Widgets verwalten*, die sich links unten auf Ihrem Bildschirm befindet. Es erscheint ein Dialogfenster, in dem Sie nun auf die Taste *Weitere Widgets* klicken.

Es erscheint Ihr Internetprogramm Safari und zeigt Ihnen die Apple-Seite, auf der Sie nun herumstöbern und jedes interessante Widget mit einem einzigen Mausklick herunterladen können. Damit Sie sich besser orientieren können, sind die Widgets nach Kategorien geordnet.

Abb. 6.20 Klicken Sie auf die Taste *Widgets verwalten* (1) und dann auf die Taste *Weitere Widgets* (2), ...

Abb. 6.21 ... landen Sie direkt in der Widget-Auswahl im Internet.

Probieren Sie es gleich aus – Sie werden erstaunt sein, was es alles für Widgets gibt.

Kapitel 7

Mac-Programme: iLife und Co. im Einsatz

Ihr nun einsatzbereiter Mac soll ja sicherlich nicht zur Zierde dienen, sondern zur Aufgabenerledigung und Unterhaltung. Dazu sind die entsprechenden Programme nötig. Dem Mac sind bereits einige Programme beigelegt. Außer den Programmen des iLife-Pakets finden sich noch eine ganze Reihe anderer nützlicher Anwendungen, die wir Ihnen in diesem Kapitel ebenfalls kurz vorstellen. Zuvor allerdings erfahren Sie noch, wie Sie Programme aufrufen und was bei deren Einsatz auf dem Mac zu beachten ist.

7.1 Programme aufrufen und beenden

Bevor Sie mit einem Programm arbeiten können, müssen Sie es aufrufen, das ist auch bei Ihrem Mac nicht anders. Einige Möglichkeiten dazu hatten wir Ihnen ja bereits vorgestellt. Hier noch einmal alle Wege im Überblick.

Viele Wege führen zum Programm

Es ist schon erstaunlich, wie viele Möglichkeiten es gibt, ein Programm aufzurufen. Und wenn Sie wollen, könnten Sie sogar noch einige hinzufügen und z. B. Programmsymbole auf dem Schreibtisch Ihres Macs ablegen – angesichts der vielen bereits vorhandenen Möglichkeiten ist dies aber recht unsinnig.

Symbolorientiert: Dock, Finder und Stapel-Programme

Rein intuitiv ist das Dock die erste Anlaufstelle für den Aufruf eines Programms, schließlich haben Sie die Docksymbole immer im Blick. Voraussetzung ist natürlich, dass sich das Symbol des gewünschten Programms im Dock befindet. Ist dies nicht der Fall, rufen Sie ein Finder-Fenster auf und versuchen dort Ihr Glück.

Der Finder listet Ihnen alle vorhandenen Programme im Ordner *Programme* und seinen Unterordnern auf. Sie können den Ordner *Programme* über die Seitenleistenkategorie *Orte* mit einem Klick auf den Eintrag *Programm* schnell öffnen. Egal, welche Darstellung Sie gewählt haben, ein Programm wird immer mit einem Doppelklick auf den Programmeintrag oder das Programmsymbol aufgerufen.

Abb. 7.1 Drei Wege zum Programm: Wenn Sie es gern übersichtlich haben, benutzen Sie das Dock (1), den Finder (2) oder einen Stapelordner (3).

Natürlich können Sie auch den Stapelordner *Programme* verwenden, der sich im Ordnerbereich des Docks befindet. Klicken Sie auf das Ordnersymbol, öffnet sich ein „Stapel", in dem Sie dann Programmsymbole direkt anklicken oder weitere Unterordner aufrufen können.

Kein Stapel vorhanden? Fügen Sie ihn hinzu!
Sollte sich bei Ihrem Mac im Dokumentbereich des Docks kein Stapelordner *Programm* befinden, so können Sie diesen ganz einfach hinzufügen, indem Sie den Ordner *Programme* aus einem Finder-Fenster heraus in den Dokumentbereich des Docks ziehen.

Indirekt: Apple-Menü und Spotlight

Nicht ganz so offensichtlich wie Dock oder Finder, aber manchmal recht hilfreich ist das Apple-Menü, wenn es um den Aufruf von Programmen geht. Hier sind alle Programme aufgeführt, die Sie in letzter Zeit verwendet haben. Klicken Sie dort auf einen Programmeintrag, wird das dazugehörige Programm aufgerufen – was natürlich besonders praktisch ist, wenn Sie weder Namen noch Symbol in Erinnerung haben.

Um ein Programm über das Apple-Menü aufzurufen, klicken Sie auf das Apfelsymbol in der Menüleiste, wählen den Menüeintrag *Benutzte Objekte* und klicken im Untermenü in der Kategorie *Programme* auf den gewünschten Programmeintrag. Probieren Sie es aus, es geht schneller, als es sich liest.

Und dann gibt es ja auch noch Spotlight, die Suchfunktion Ihres Macs, die Sie über das Lupensymbol ganz rechts in der Menüleiste aktivieren. Damit lassen sich Programme schnell und effektiv aufrufen, allerdings müssen Sie den Namen des Programms kennen.

Abb. 7.2 Sie können Programme auch über das Apple-Menü (1) oder Spotlight aufrufen (2).

Programme automatisch starten lassen? Auch das geht!

Sie arbeiten immer wieder mit einem bestimmten Programm? Weisen Sie den Mac doch einfach an, dieses Programm beim Startvorgang automatisch aufzurufen. Am einfachsten bewerkstelligen Sie dies über das Aktionsmenü des Docksymbols des Programms (sekundäre Maustaste drücken > *Optionen* > *Bei der Anmeldung öffnen*).

Programme beenden: Fenster schließen reicht nicht

Beim Mac müssen Sie das Programm nachdrücklich beenden. Anders als bei einem PC reicht es bei einem Mac nicht, das Programmfenster zu schließen.

Programme normal beenden

Jedes Programm, das Sie benutzen, müssen Sie auch wieder beenden. Andernfalls weist der Mac Sie vor dem Ausschalten darauf hin, dass noch Programme aktiv sind, und fragt nach, ob Sie diese wirklich beenden möchten. Dies können Sie bestätigen oder ablehnen. Sollten Sie Dokumente, an denen Sie gearbeitet haben, noch nicht gesichert haben, wird das vom Mac erkannt und nachgefragt, wie Sie fortfahren wollen. Durch das Ausschalten gehen also keine Informationen verloren.

Versetzen Sie Ihren Mac hingegen in den Ruhezustand, sind die aufgerufenen Programme nach dem Aufwachen immer noch aktiv.

Sie sollten es sich daher zur Regel machen, ein Programm ordnungsgemäß zu beenden, wenn Sie es nicht mehr benötigen. Und das ist ganz einfach: Ist das Programmfenster aktiv, öffnen Sie in der Menüleiste den Menüeintrag mit dem Programmnamen und wählen den *Beenden*-Eintrag. Möchten Sie z. B. das Programm *Notizzettel* ausschalten, öffnen Sie das Menü *Notizzettel* und wählen dann *Notizzettel beenden*.

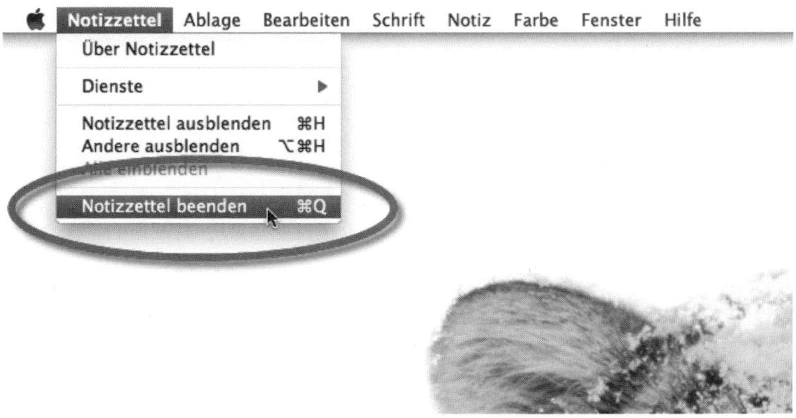

Abb. 7.3 Der *Beenden*-Eintrag in den Programmmenüs.

Umständlich? Kurzbefehl verwenden!

Wesentlich schneller geht's per Kurzbefehl: Mit der Tastenkombination [⌘] + [q] beenden Sie jedes Programm quasi im Handumdrehen.

Haben Sie sich erst einmal an die äußerst praktischen Aktionsmenüs gewöhnt, können Sie alternativ zum Beenden eines Programms auch das Aktionsmenü des dazugehörigen Docksymbols verwenden und dort den *Beenden*-Eintrag anklicken.

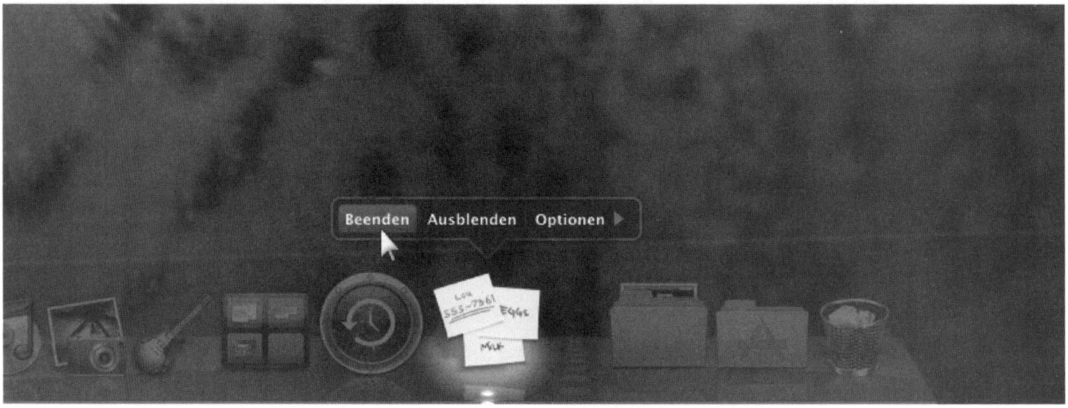

Abb. 7.4 Sie können ein Programm auch über das Aktionsmenü des Docksymbols beenden.

Programme beenden, die nicht reagieren

Auch bei einem Mac können Programme abstürzen und plötzlich nicht mehr reagieren – selten zwar, aber es kommt vor. In so einem Fall haben Sie keinen Zugriff mehr auf die Programmmenüs und auch der Kurzbefehl [⌘] + [q] funktioniert nicht mehr. Über das Apple-Menü können Sie ein abgestürztes Programm aber dennoch beenden.

Sie klicken dazu auf das Apfelsymbol in der Menüleiste und wählen im Apple-Menü den Eintrag *Sofort beenden*. Es erscheint das Dialogfenster *Programm sofort beenden*, in dem Sie dann den

Eintrag des betroffenen Programms auswählen und die Taste *Sofort beenden* klicken.

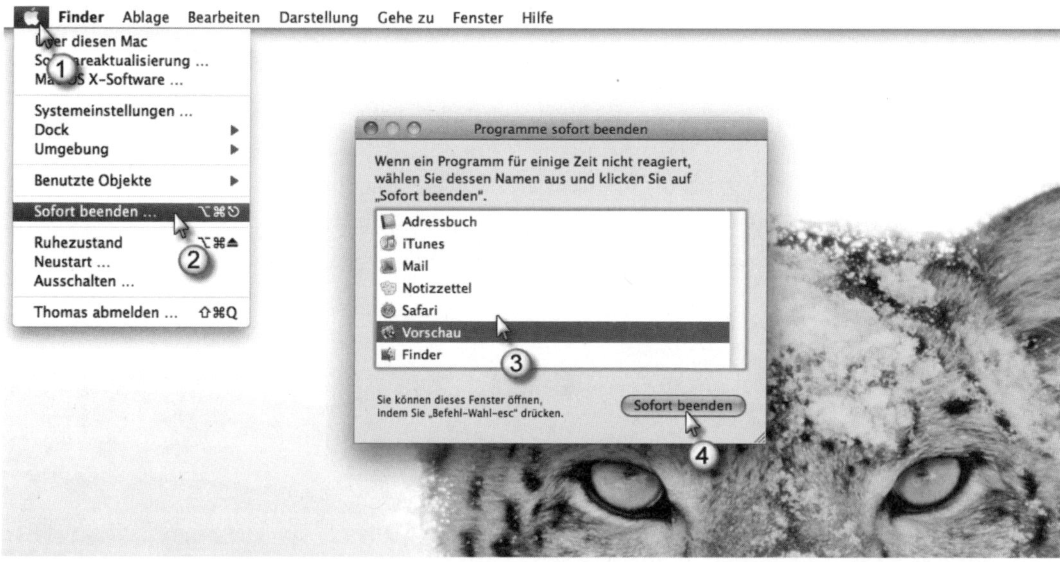

Abb. 7.5 Öffnen Sie das Apple-Menü (1), wählen Sie *Sofort beenden* (2), wählen Sie den Programmeintrag (3) und klicken Sie auf die *Beenden*-Taste (4).

Mac-Neustart erzwingen? Auch das ist möglich!
Nicht nur ein Programm, auch der Mac kann abstürzen und überhaupt nicht mehr reagieren. Um ihn wieder zum Leben zu erwecken, müssen Sie einen Neustart erzwingen. Dazu drücken Sie den Ein- und Ausschalter so lange, bis der Bildschirm schwarz wird, und dann noch einmal so lange, bis Sie ein langgezogenes akustisches Signal hören, das beim Neustart ertönt.

7.2 Mac-Programme: Das ist mitgeliefert

Alle mitgelieferten Programme befinden sich im Ordner *Programme*, den Sie mit dem Finder öffnen oder sich über das Ordnersymbol *Programme* im Dock zugänglich machen können.

Probieren Sie es aus: Öffnen Sie ein Finder-Fenster und klicken Sie in der Seitenleiste in der Kategorie *Orte* auf den Eintrag *Programme*. Zur besseren Übersicht lassen Sie sich den Inhalt des Programmordners in der Darstellung *Cover Flow* anzeigen.

Abb. 7.6 Klicken Sie auf das Docksymbol des Finders (1), wählen Sie den Ordner *Programme* (3) und schalten Sie auf die Darstellung *Cover Flow* (3).

Lassen Sie nun mithilfe des Rollbalkens oder durch Scrollen mit der Maus oder dem Trackpad die Programmsymbole nacheinander anzeigen, um erst einmal einen Überblick über das Angebot zu bekommen.

Die wichtigsten Einzelprogramme im Überblick

Was Sie mit den Programmen erledigen können, ist durch Programmbezeichnungen und -symbole meistens selbsterklärend. So ist *Adressbuch* eine Adressverwaltung, *Chess* ein Schachprogramm und *DVD-Player* ein Programm zum Abspielen von DVDs.

Bei anderen Einträgen ist es etwas schwieriger:

Front Row ist ein Abspielprogramm für alle Musikdateien, Videos, Fotos und Fernsehsendungen, die auf Ihrem Mac gespeichert sind. Sie bedienen es am besten mit der Fernbedienung Apple Remote.

iCal ist ein elektronischer Terminkalender, mit dem Sie nicht nur Termine, sondern auch Aufgaben verwalten können.

iChat ist ein Programm zur audiovisuellen Kommunikation mit anderen iChat-Nutzern über das Internet, bei der die Videokamera iSight, mit der Ihr Mac ausgestattet ist, zum Einsatz kommen kann.

iDVD ist ein Programm, mit dem Sie DVDs mit eigenen Inhalten und einer eigenen Menüstruktur zusammenstellen und brennen können.

iTunes ist das wohl bekannteste Programm von Apple. Es dient zur Verwaltung, zum Abspielen und zum Kauf (über das Internet) von Musik, Filmen und Fernsehsendungen. Außerdem können Sie mit iTunes ganz einfach Audio-CDs brennen, die sich auf jedem CD-Player abspielen lassen.

Lexikon ist mehr als nur ein Lexikon, sondern ein einsprachiges Wörterbuch für amerikanisches Englisch (*New Oxford American Dictionary*), ein englisches Synonymwörterbuch (*Oxford American Writer's Thesaurus*) und Ihre Direktverbindung zur deutschen Ausgabe von Wikipedia, dem größten „freien" Online-Lexikon.

Mail ist ein E-Mail-Programm, das mit dem Adressbuch zusammenarbeitet.

Photo Booth nimmt Fotos mit der integrierten iSight-Kamera Ihres Macs auf.

Safari ist ein Internetbrowser, das Programm also, das Sie benötigen, um sich Internetseiten anschauen zu können.

TextEdit ist ein sehr rudimentäres Programm zum Schreiben von Texten.

Außer den iLife-Programmen, die wir Ihnen im folgenden Abschnitt vorstellen, sind dies die wichtigsten Programme, die Ihrem Mac mitgegeben sind.

Dienstprogramme in eigenem Ordner

Wie Sie vielleicht gesehen haben, gibt es im Ordner *Programme* auch den Unterordner *Dienstprogramme*. Dort finden Sie kleine Spezialprogramme wie z. B. eine Aktivitätsanzeige, ein Bildschirmfotoprogramm und ein Festplatten-Dienstprogramm.

So erschließen Sie sich ein Mac-Programm

Mac-Programme sind grundsätzlich einfach zu bedienen und oft sogar selbsterklärend, sodass Sie keine Hilfestellungen oder Anleitungen benötigen. Probieren Sie doch jetzt gleich einmal das Programm Photo Booth aus.

Klicken Sie doppelt auf den Programmeintrag oder das Programmsymbol von Photo Booth. Auf Ihrem Bildschirm erscheint das Programmfenster von Photo Booth, in dem Sie sich selbst sehen! Lassen Sie sich erst einmal und dann gleich viermal hintereinander fotografieren und benutzen Sie dann den Effekt

PopArt. Falls Sie den Mac bereits für E-Mails eingerichtet haben, schicken Sie das Einzelportrait an einen Empfänger Ihrer Wahl.

Und – hat es geklappt? Mit Sicherheit! Voraussetzung ist natürlich, dass Ihr Mac mit einer Kamera ausgestattet ist, aber bis auf den Mac mini sind dies ja alle iMacs und MacBooks. Die folgende Abbildung zeigt die drei Stadien einer Einzelaufnahme, die Sie ja wahrscheinlich bereits live hinter sich gebracht haben.

Abb. 7.7 Mit einem Klick zum Foto – Photo Booth ist wirklich „kinderleicht" zu bedienen.

Nun sind selbstverständlich nicht alle Programme so einfach zu bedienen wie Photo Booth. Bei umfangreicheren Programmen, wie z. B. iDVD oder iTunes, müssen Sie sich erst ein wenig einarbeiten. Falls Sie mit „einfach Ausprobieren" – was oft die beste Möglichkeit ist – nicht weiterkommen, dann steht Ihnen die Hilfe zur Seite, die es zu jedem Mac-Programm gibt und die Sie immer über das Menü *Hilfe* in der Menüleiste oder den Kurzbefehl [⌘] + [?] aufrufen.

Wie die Hilfe genutzt wird, können Sie gleich einmal am Beispiel der iTunes-Hilfe ausprobieren. Rufen Sie also iTunes auf – z. B. über das Docksymbol – und öffnen Sie das Hilfe-Menü mit einem Klick auf den Menüeintrag *Hilfe* in der Menüleiste.

Wenn Sie ein ganz bestimmtes Problem lösen möchten, können gleich in das Suchfeld der Hilfe-Menüs einen Suchbegriff eingeben und bekommen dann Hilfeinformationen angezeigt, die zu Ihrem Suchbegriff passen. Detailprobleme lassen sich auf diese Weise oft sehr schnell lösen.

Wenn es Ihnen eher um eine allgemeine Einführung in das Programm und ein schrittweises Kennenlernen geht, dann klicken Sie auf den Eintrag, der sich direkt unter dem Suchfeld befindet. Hier rufen Sie die eigentliche Programmhilfe auf, die in diesem Fall *iTunes-Hilfe* heißt.

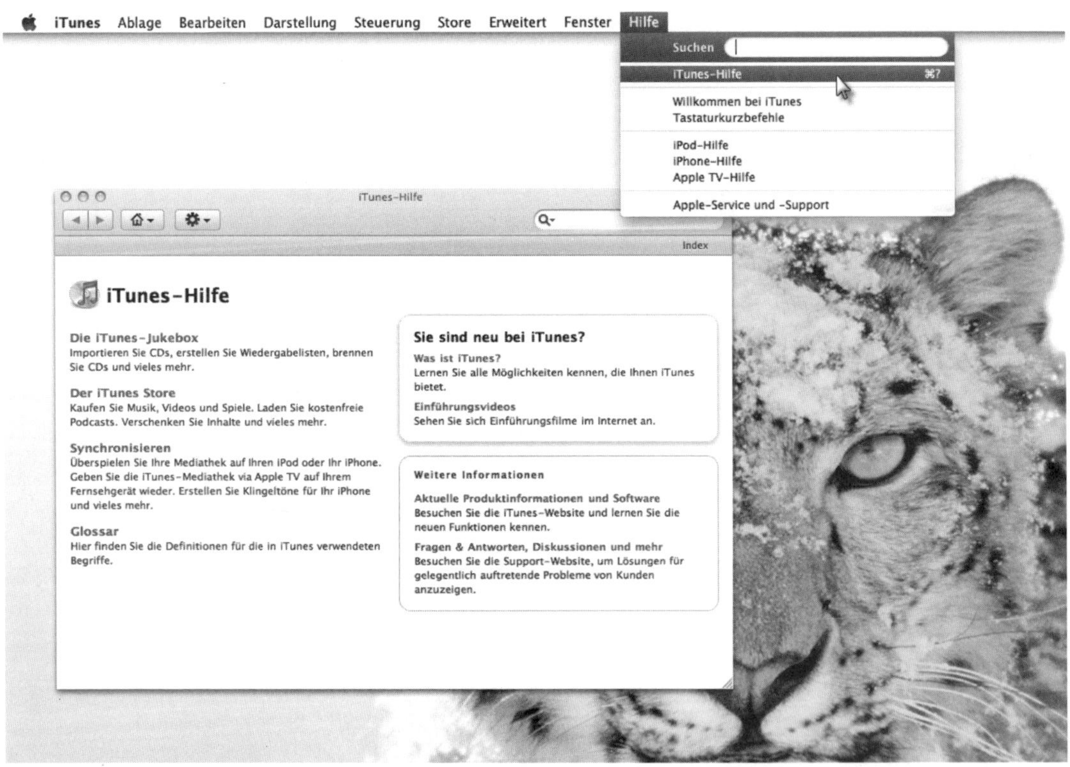

Abb. 7.8 Zu jedem Programm gehört eine Hilfe, die Sie bei der Einarbeitung unterstützt.

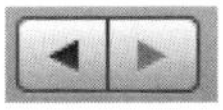

Wie bei allen anderen Mac-Programmen haben Sie auch mit der iTunes-Hilfe die Möglichkeit, sich unter Anleitung nach und nach mit allen Funktionen des Programms vertraut zu machen. Blaue Texteinträge können Sie anklicken und bekommen dann weitere Informationen angezeigt. Ein Klick auf das Haussymbol bringt Sie immer wieder zur Anfangsseite und mit den Pfeiltasten können Sie die Hilfeseiten durchblättern, die Sie sich bereits angeschaut haben.

Begeben Sie sich auf eine kleine Entdeckungsreise. Sie werden erstaunt sein, wie detailliert die Hilfeinformationen sind.

7.3 iLife-Programme: Einarbeitung leicht gemacht

Die vier iLife-Programme – iPhoto, iMovie, GarageBand und iWeb – sind mehr als nur Zubehörprogramme, sondern sehr leistungsfähige Kreativprogramme, die Ihnen schnell zu ansehnlichen und beeindruckenden Resultaten verhelfen.

Die Einsatzbereiche sind durch die Programmbezeichnungen erklärt:

Mit *iPhoto* können Sie Ihre Fotos verwalten, archivieren und bearbeiten.

Mit *iMovie* verwalten und schneiden Sie digitale Videos.

Mit *GarageBand* können Sie – tatsächlich – Musik machen, produzieren sowie Klavier und Gitarre spielen lernen.

Mit *iWeb* entwerfen, verwalten und veröffentlichen Sie komplette Internetangebote.

Videoeinführungen inklusive

Wie einfach es ist, sich in die iLife-Programme einzuarbeiten, können Sie gleich live feststellen.

Da GarageBand wahrscheinlich das Programm ist, bei dem Sie sich auf Anhieb am wenigsten vorstellen können, was Sie damit machen können, sollten Sie dies sofort ändern und die GarageBand-Hilfe aufrufen. Dazu starten Sie GarageBand – z. B. über das Docksymbol – und öffnen das Hilfe-Menü mit einem Klick auf den Hilfe-Eintrag in der Menüleiste. Da Sie zunächst einen allgemeinen Überblick brauchen, klicken Sie im Hilfe-Menü auf den Eintrag *Willkommen bei GarageBand*.

Abb. 7.9 Wählen Sie im Hilfe-Menü den Willkommen-Eintrag.

Auf Ihrem Bildschirm erscheint nun ein zusätzliches Fenster, in dem Sie sich eine Videoeinführung in GarageBand anschauen können. Klicken Sie im Willkommen-Fenster auf die Taste Abspielen, machen Sie es sich bequem und lassen Sie sich in GarageBand „einführen".

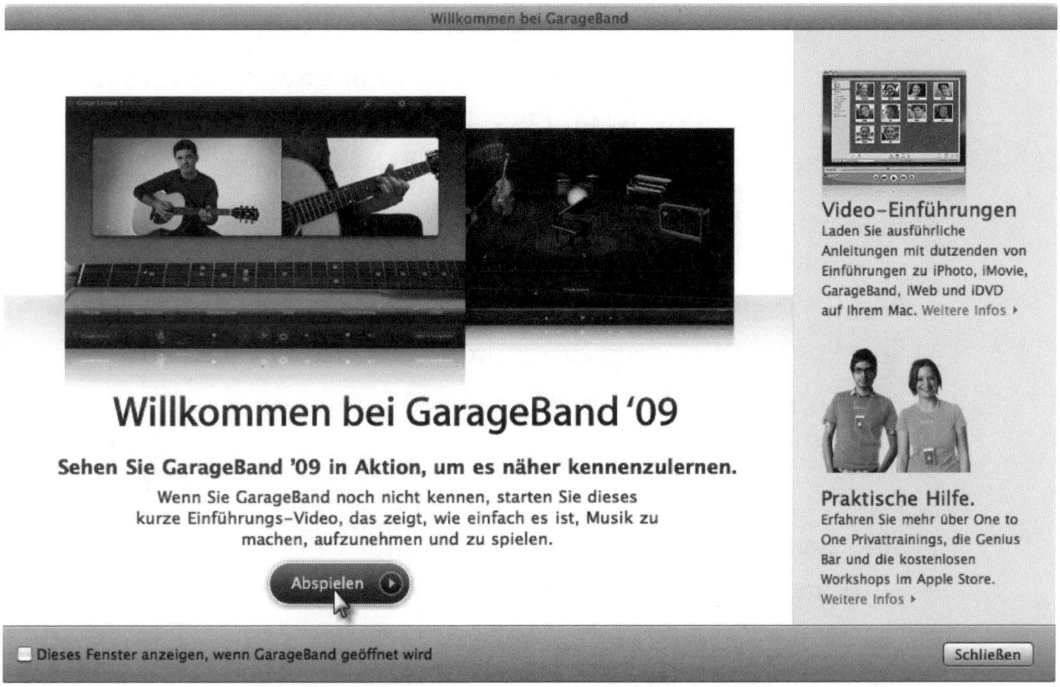

Abb. 7.10 Bei GarageBand und den anderen iLife-Programmen gibt es eine umfangreiche Video-Einführung, die Sie sich unbedingt anschauen sollten.

Ist die Videovorführung beendet, können Sie die Hilfe als weitere Informationsquelle nutzen oder GarageBand gleich direkt erkunden.

Genau wie bei GarageBand, gibt es auch bei den anderen iLife-Programmen entsprechende Willkommen-Videos, sodass Sie sich auch dort sehr leicht einarbeiten können.

7.4 Noch mehr Programme

Ganz kurz zum Software-Angebot: Natürlich sind Sie nicht auf die Programme beschränkt, die beim Mac inklusive sind, sondern haben die Wahl unter mehreren Tausend Programmen zu allen möglichen und unmöglichen Einsatzbereichen. Dabei handelt es sich nicht nur um kostenpflichtige, kommerzielle Programme. Es gibt auch eine Vielzahl von kostenlosen Programmen, die Sie z. B. über das Internet herunterladen können.

Eine zentrale Anlaufstelle für Mac-Programme ist das Internetangebot von Apple, das Sie unter *www.apple.de* erreichen. Im Bereich *Downloads* finden Sie ein riesiges Angebot an kostenlosen und kostenpflichtigen Programmen. Letztere stammen nicht nur von Apple selbst, sondern von allen möglichen Software-Herstellern.

Apropos Apple: Wie Sie ja vielleicht bereits festgestellt haben, sind bei Ihrem Mac weder ein vernünftiges Textprogramm noch ein Tabellenkalkulationsprogramm dabei.

Mit dem Programmpaket iWork, bestehend aus den Einzelprogrammen Pages (Text und Textgestaltung), Numbers (Tabellenkalkulation) und Keynote (Präsentation), das Apple äußerst preisgünstig anbietet (Einzelpaket 79 Euro, Familienlizenz für 5 Macs 99 Euro), können Sie leicht Abhilfe schaffen.

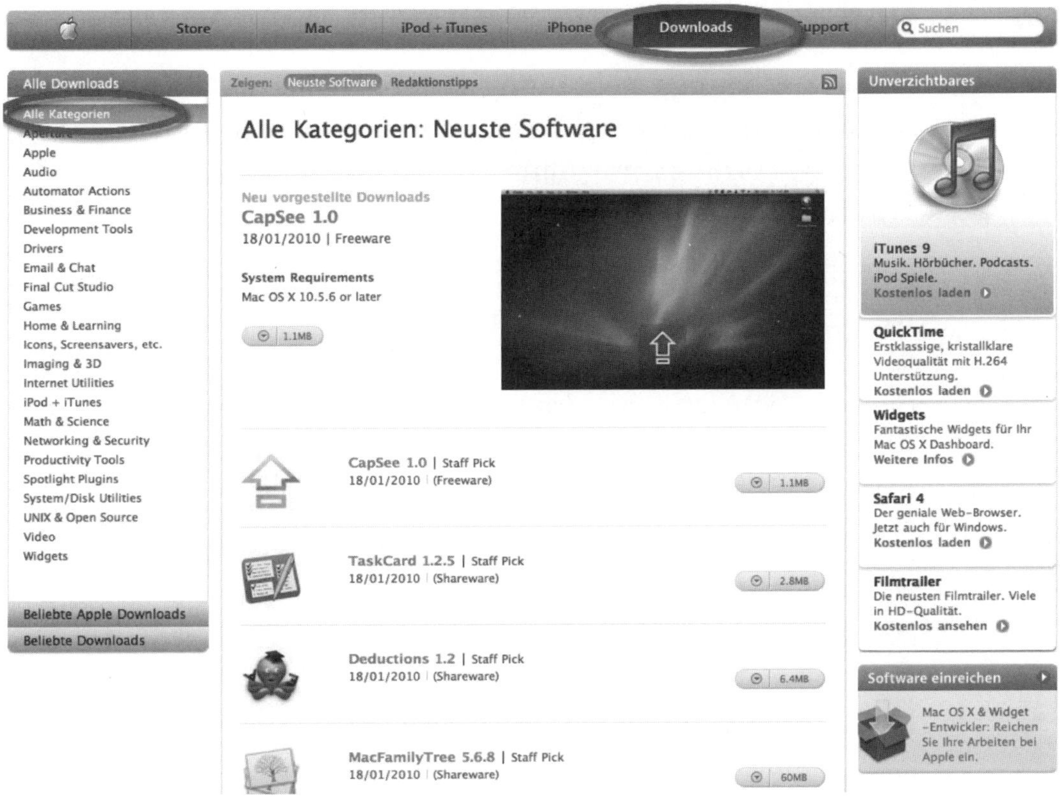

Abb. 7.11 Das Internetangebot von Apple bietet eine Vielzahl von Programmen zum Download.

Alternativ können Sie auch das Standardprogrammpaket Microsoft Office einsetzen, das aktuell in der Version Microsoft Office 2008 für Mac erhältlich, aber deutlich teurer ist.

Eine sehr gute kostenlose Alternative ist die Büroprogrammsammlung OpenOffice.org, die es auch in einer Version für den Mac gibt. Sie können sie unter der Internetadresse *www. openoffice.org* herunterladen.

7.5 Und dann gibt es ja auch noch Windows

Genau genommen steht Ihnen auch noch das gesamte Software-Angebot zur Verfügung, das es für Windows-PCs gibt. Dies können Sie allerdings nur dann nutzen, wenn Sie auf Ihrem Mac Windows installieren.

Der Einsatz von Windows ist sehr einfach möglich und kann entweder wahlweise oder sogar im Parallelbetrieb geschehen. Wahlweise heißt, dass Sie nach dem Einschalten Ihres Macs wählen müssen, ob Mac OS X (das ist der Name des Betriebssystems des Macs) oder eben Windows gestartet werden soll. Sie nutzen Ihren Mac dann entweder als Mac oder als Windows-PC.

Beim Parallelbetrieb haben Sie die Möglichkeit, neben dem Mac Windows einzusetzen und Windows-Programme gleichzeitig in eigenen Programmfenstern zu nutzen. Es ist dann sogar möglich, Informationen aus einem Windows-Fenster direkt in ein Mac-Fenster zu kopieren und umgekehrt.

Um dies realisieren zu können, benötigen Sie nur eine Windows-Version – Ihr Mac akzeptiert XP, Vista und 7 – und sonst nichts. Auf Ihrem Mac gibt es ein Dienstprogramm namens Boot Camp, das Sie Schritt-für-Schritt durch den gesamten Vorgang der Windows-Installation führt.

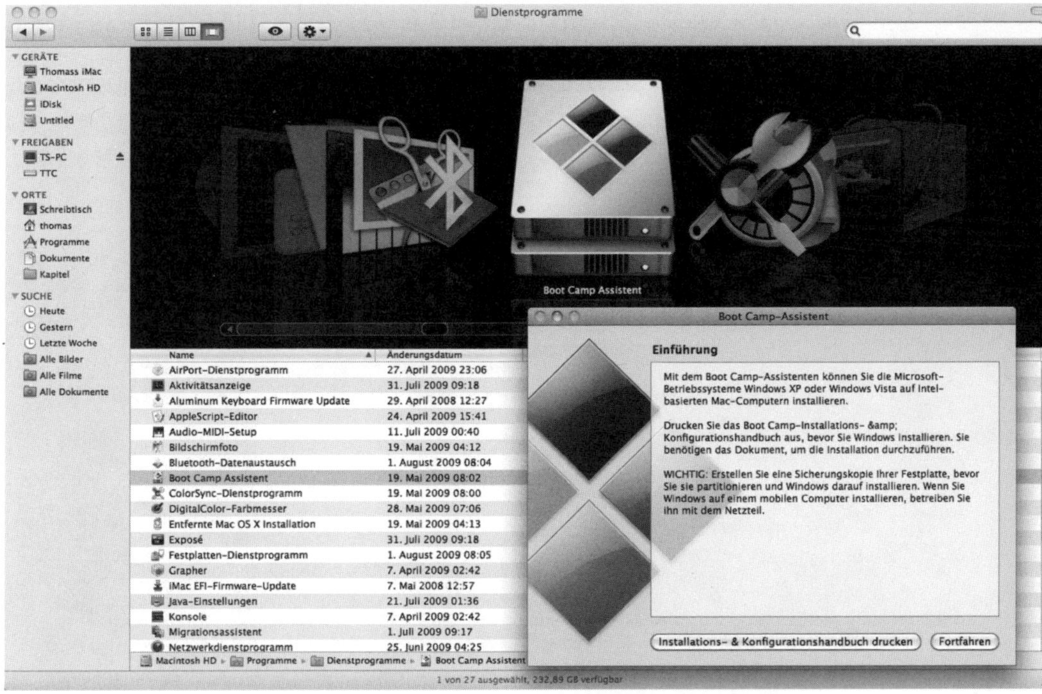

Abb. 7.12 Boot Camp leitet Sie durch die Windows-Installation.

Wollen Sie Windows gleichzeitig einsetzen, benötigen Sie nicht nur eine Windows-Version, sondern ein zusätzliches Programm, das diesen Parallelbetrieb ermöglicht. Die bekanntesten Programme dieser Art sind VMware Fusion und Parallels Desktop, die sich beide sehr einfach einsetzen lassen.

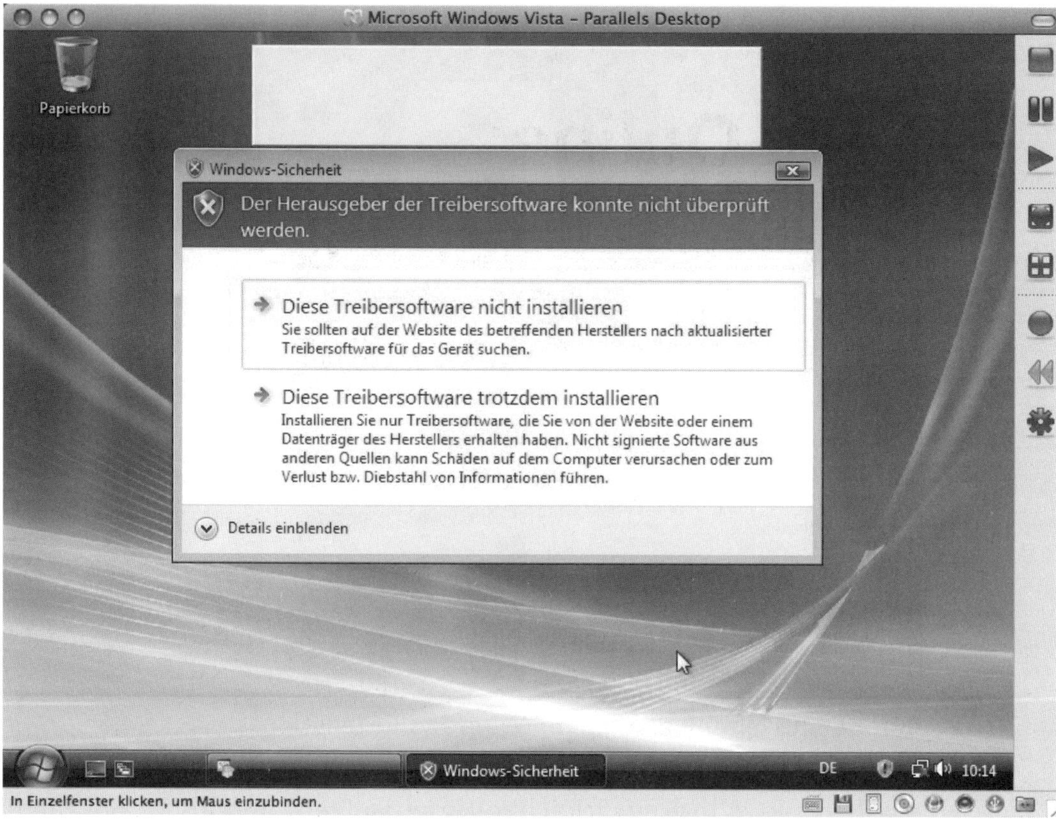

Abb. 7.13 Erstaunlich, aber es klappt: Windows in einem Mac-Fenster.

Windows bringt auch die Windows-Sicherheitsprobleme

Über Sinn und Unsinn von Windows auf einem Mac lässt sich trefflich streiten. Wenn Sie auf Programme angewiesen sind, die tatsächlich nur unter Windows laufen, haben Sie keine Wahl. Wichtig beim Windows-Betrieb ist, dass mit Windows natürlich auch alle Sicherheitsprobleme Einzug auf Ihrem Mac halten, vor denen dieser bisher verschont war. Außer Windows sollten Sie auch jeden Fall auch noch ein Virenschutzprogramm anschaffen.

Kapitel 8

Mac-Online: Internet, E-Mail & Internetsicherheit

In der heutigen Zeit ist ein Computer ohne Internetzugang nur halb soviel wert. Jeder Mac ist bestens dafür ausgerüstet. Dies gilt nicht nur für die mitgelieferten Programme – Internetbrowser (*Safari*), E-Mail-Programm (*Mail*), Video-Chat (*iChat*) und sogar ein Webdesign-Programm (*iWeb*) sind ja bereits vorhanden –, sondern auch für die Zugangstechnik. Der Mac ist bereits mit einem Hochleistungsmodul für den drahtlosen Internetzugang (WLAN) ausgestattet. Außerdem ist auch noch der Anschluss für ein Netzwerkkabel vorhanden, sodass Sie auch über Kabel im Internet surfen können.

Bevor wir in diesem Kapitel die beiden wichtigsten Programme zum Surfen und Mailen vorstellen – Safari und Mail –, geben wir Ihnen einige Grundinformationen zur notwendigen Anschlusstechnik und zeigen Ihnen kurz, wie Sie einen Internetzugang einrichten.

8.1 Kein Internet ohne Internetzugang

Damit Sie das Internet nutzen können, benötigen Sie einen Internetzugang. Von schnellen, aber immer noch relativ teuren Mobilfunkzugängen (UMTS) abgesehen, deren Nutzung sich nur dann lohnt, wenn Sie den Mac ausschließlich mobil einsetzen, gibt es im Grunde nur noch zwei sinnvolle Anschlussvarianten – DSL und Kabelanschluss.

DSL

Für den Anschluss in den heimischen vier Wänden hat sich in Deutschland weitestgehend die DSL-Technik durchgesetzt. Dabei erfolgt die Datenübertragung über dieselben Kupferkabel, die auch für den Telefonanschluss genutzt werden.

DSL-Modem und DSL-Router

Die Verbindung zwischen Rechner und DSL-Anschluss erfolgt über ein DSL-Modem. In den meisten Fällen ist dieses Modem wiederum in einen DSL-Router integriert, mit dem es möglich ist, mehrere Computer – egal, ob Mac oder PC – gleichzeitig mit dem Internet zu verbinden. Sie können dann beispielsweise mit Ihrem MacBook und dem iMac gleichzeitig im Internet surfen. Das MacBook muss dazu ebenso wie der iMac mit dem DSL-Router verbunden sein, der seinerseits an die Telefonanschlussdose bzw. den Splitter angeschlossen ist.

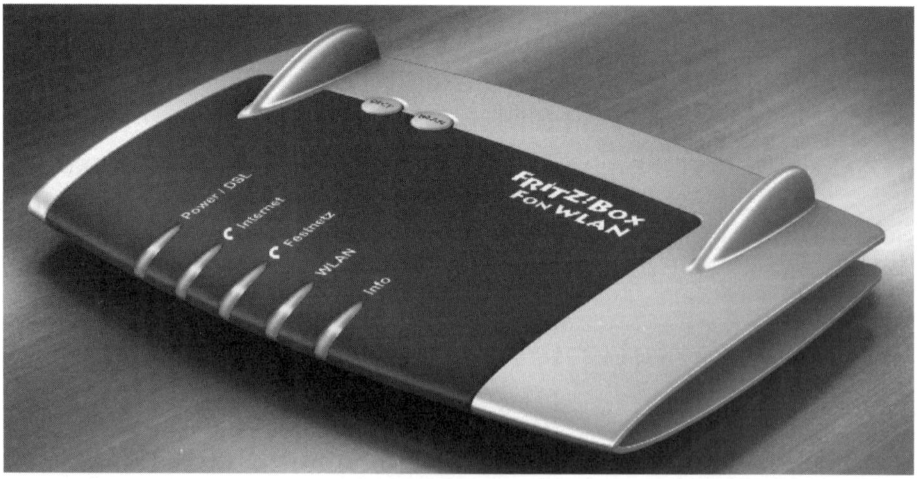

Abb. 8.1 DSL-Router, die auch kabellose WLAN-Verbindungen ermöglichen, sind für den Mac bestens geeignet. (Foto: AVM)

Ein Router ist die beste Wahl
Der Einsatz eines Routers ist auch dann sinnvoll, wenn Sie im Moment nur einen Computer für den Internetzugang verwenden. Der große Vorteil ist, dass Sie die Zugangsdaten, die für den Internetzugriff notwendig sind, direkt auf dem Router eingeben. Wechseln Sie später einmal Ihren Computer oder schaffen sich einen zusätzlichen Computer an, müssen Sie diese Daten nicht erneut eintragen. Außerdem können Sie auch ein WLAN-fähiges Handy oder Smartphone – wie z. B. ein iPhone – problemlos mit dem Router verbinden.

WLAN: ohne Kabel ins Internet

Haben Sie ein MacBook, das meist flexibel eingesetzt wird, sollten Sie per WLAN eine drahtlose Verbindung zum DSL-Router herstellen. WLAN steht für Wireless LAN, also ein drahtloses Netzwerk. Mit einer solchen Lösung können Sie mit Ihrem MacBook sowohl im Arbeitszimmer als auch auf der Wohnzimmercouch oder sogar auf dem Balkon oder im Garten im Internet surfen, ohne dazu Unmengen von Kabelverbindungen verlegen zu müssen.

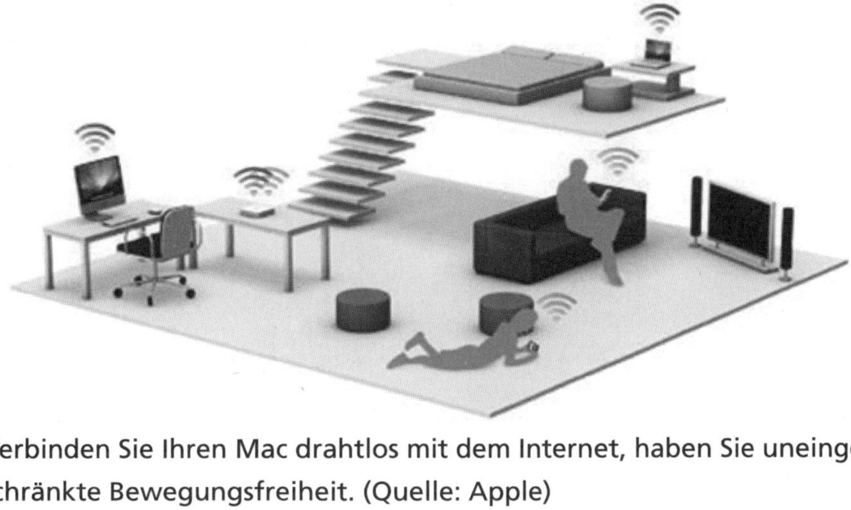

Abb. 8.2 Verbinden Sie Ihren Mac drahtlos mit dem Internet, haben Sie uneingeschränkte Bewegungsfreiheit. (Quelle: Apple)

Aber auch wenn Sie kein MacBook, sondern einen iMac oder einen Mac mini haben, den Sie stationär einsetzen, hat eine WLAN-Verbindung immer noch den Vorteil, dass Sie ohne lästiges Kabel auskommen.

DSL-Router oft mit dabei

Bei den meisten DSL-Routern ist neben dem DSL-Modem gleich auch noch eine WLAN-Station eingebaut, sodass Sie nur dieses eine Gerät für den bequemen Internetzugang benötigen. An vielen Routern können darüber hinaus auch vorhandene Telefone angeschlossen werden, wenn Sie über das Internet telefonieren wollen (VoIP). Als Neukunde bei einem DSL-Anbieter erhalten Sie eine derartige Hardware meist zu einem stark reduzierten Preis, mitunter sogar gratis, wenn Sie einen Vertrag mit 24 Monaten Laufzeit abschließen. Die regulären Kaufpreise für WLAN-DSL-Router liegen im Bereich von etwa 90 bis 160 Euro.

Statt DSL-Router auch Apple-Lösung Time Capsule möglich

Sollten Sie keinen DSL-Router von Ihrem Internetanbieter bekommen oder auf der Suche nach einer Alternative sein, können Sie auch eine Zugangslösung von Apple einsetzen. Time Capsule vereint einen hochleistungsfähigen WLAN-Router und eine Festplatte mit einem Speichervolumen von 500 oder 1000 Gigabyte in einem Gerät und arbeitet automatisch mit dem Datensicherungsprogramm Time Machine des Macs zusammen.

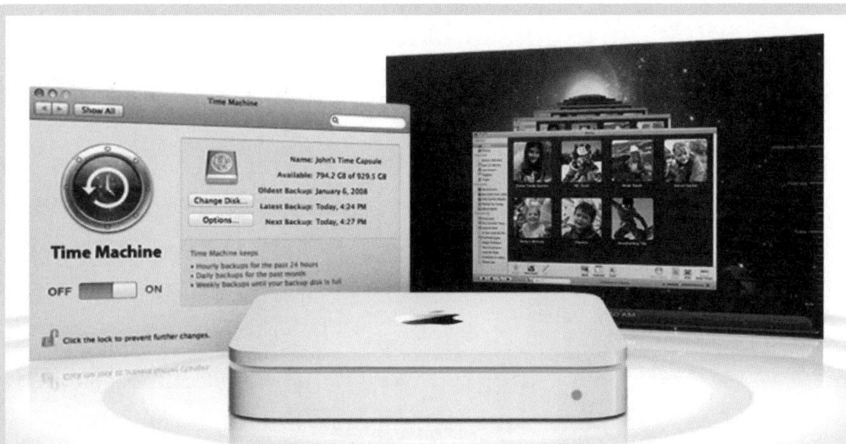

Abb. 8.3 Time Capsule ist WLAN-Router und Datensicherungsspeicher zugleich. (Quelle: Apple)

DSL-Varianten und Geschwindigkeiten

DSL gibt es in verschiedenen Varianten. Weit verbreitet ist ADSL, das in der neuesten Version Übertragungsraten von bis zu 16 MBit/s erlaubt. Allerdings sind an vielen Standorten nur geringere Geschwindigkeiten von maximal 6 MBit/s möglich, teilweise wird auch dieses Tempo nicht erreicht und es bleibt bei 2 oder 3 MBit/s, in den Randgebieten der Versorgungszonen manchmal sogar bei noch langsameren Varianten von unter 1 MBit/s.

Die Geschwindigkeit spielt beim Internetzugang eine große Rolle. Ist sie gering, müssen Sie oft minutenlang warten, bis sich eine Internetseite komplett auf Ihrem Bildschirm aufgebaut hat. Um komfortabel, d. h. relativ schnell im Internet surfen zu können, sollte Ihr Internetzugang im Geschwindigkeitsbereich von 4 bis 6 MBit/s liegen.

DSL-Anschlussvarianten und Preise

DSL-Anschlüsse werden in aller Regel mit einem Pauschaltarif (der sogenannten Flatrate) angeboten. Damit können Sie das Internet ohne zeitliche Begrenzung oder Limit bei der übertragenen Datenmenge nutzen und zahlen immer nur die monatliche Grundgebühr. Diese liegt derzeit je nach DSL-Geschwindigkeit und Anbieter zwischen 15 und 20 Euro für einen DSL-Zugang als Ergänzung zu einem konventionellen Telefonanschluss.

Wenn Sie DSL nutzen wollen, haben Sie mittlerweile die Wahl, entweder Ihren konventionellen Telefonanschluss zu behalten und DSL als Ergänzung hinzuzubuchen oder auf den Telefonanschluss zu verzichten und nur noch den DSL-Zugang zu nutzen (entbündelter Anschluss). Bei diesem Verfahren nutzen Sie das Internet auch zum Telefonieren (VOIP). Sie können Ihr altes Telefon weiterhin verwenden, das dazu an den DSL-Router angeschlossen wird. Auch Ihre alte Telefonnummer können Sie behalten.

Mit dem Verzicht auf den konventionellen Telefonanschluss gehen aber immer noch einige Nachteile einher. So kann bislang die Sprachqualität nicht immer überzeugen, vor allem aber sind Sie bei Störungen der Internetverbindung auch telefonisch nicht mehr erreichbar, problematisch sind auch Notrufe per VoIP. Die Einsparungen durch den Verzicht auf den Telefonanschluss sind zudem nicht so groß, da Unternehmen wie die Telekom auch günstige Kombi-Pakete aus Telefon- und DSL-Anschluss anbieten. Oftmals empfiehlt es sich daher, den konventionellen Telefonanschluss noch beizubehalten.

Abb. 8.4 Konkurrenz lässt die Preise purzeln: Große DSL-Anbieter wie 1&1 und die Telekom versuchen, sich gegenseitig zu unterbieten.

Kabelanschluss

In vielen Regionen können Sie auch über das (Fernseh-)Kabel einen schnellen Internetzugang nutzen. Die Kabelnetzbetreiber haben dazu ihre Netze entsprechend aufgerüstet, allerdings ist diese Aufrüstung längst noch nicht überall erfolgt, sodass Sie bei Interesse an dieser Zugangsvariante zunächst einmal bei Ihrem Anbieter nachfragen müssen, ob Sie über Ihren Kabelanschluss bereits auf das Internet zugreifen können.

Für den Zugang benötigen Sie in diesem Fall ein spezielles Kabelmodem und auch hier empfiehlt sich wiederum die Nutzung eines Routers mit WLAN, um mit dem Notebook ohne lästiges Kabel online gehen zu können. Die entsprechende Hardware stellen die meisten Netzbetreiber bei Vertragsabschluss zu günstigen Konditionen oder sogar gratis zur Verfügung.

Im Hinblick auf die Übertragungsgeschwindigkeit stehen die Kabelzugänge der DSL-Technik in nichts nach, oftmals lassen sich hierüber sogar noch höhere Übertragungsraten erreichen.

Angebote und Preise

Die Internetanschlüsse bei Kabelnetzbetreibern sind ebenfalls zumeist Pauschaltarife, sodass Sie auch hier ohne Rücksicht auf die Zeitdauer und die übertragenen Datenmengen online bleiben können. Auch bei den Preisen hat sich ein ähnliches Niveau etabliert wie bei den DSL-Angeboten. Den Internetzugang gibt es zumeist nur als Ergänzung zum Fernsehkabelangebot.

Darüber hinaus haben Sie auch bei den Kabelzugängen oftmals die Option, Telefonate auf diesem Wege zu führen. Auch hier kommt meist die VoIP-Technik zum Einsatz, wobei Sie vorhandene Telefone weiterhin nutzen und die alte Rufnummer behalten können. Diese sogenannten Triple-Play-Angebote enthalten dann die drei Komponenten Fernsehen, Internet und Telefon in einem Paket. Ein bundesweit agierender Anbieter ist z. B. Unitymedia.

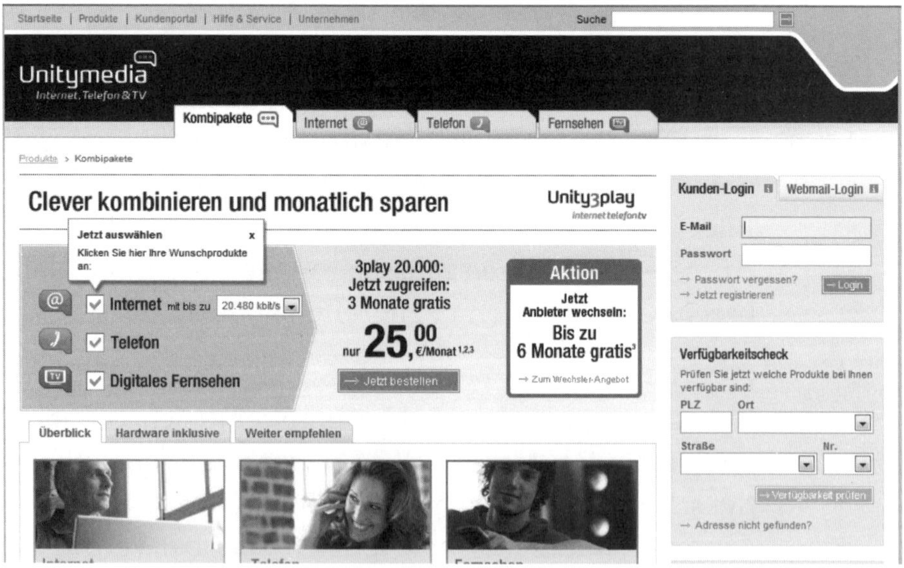

Abb. 8.5 Kabelfernseh-Netzbetreiber bieten immer häufiger auch Internetzugänge an. (Quelle: Unitymedia)

8.2 Internetzugang auf dem Mac einrichten

Ist der Vertrag mit einem Internetanbieter abgeschlossen und haben Sie die notwendigen technischen Voraussetzungen für den Internetzugang geschaffen (DSL-Modem/Router oder Kabelmodem angeschlossen und nach beiliegender Anleitung eingerichtet), können Sie Ihren Mac mit dem Internet verbinden.

Bei der Einrichtung des Internetzugangs werden Sie von einem Netzwerkassistenten unterstützt, der Sie Schritt-für-Schritt durch die gesamte Prozedur führt und alle erforderlichen Angaben abfragt. Halten Sie daher sämtliche Unterlagen bereit, die Sie von Ihrem Internetanbieter bekommen haben. Unter Umständen ist bei diesen Unterlagen bereits eine Zusammenstellung aller Angaben dabei, die Sie für die Einrichtung des Zugangs benötigen.

Netzwerkassistent hilft bei der Einrichtung

Um den Internetzugang einzurichten, rufen Sie den Netzwerkassistenten auf, beantworten seine Fragen und folgen seinen Anweisungen. Dies geschieht auf folgende Weise:

Öffnen Sie das Dialogfenster *Systemeinstellungen* (Apple-Menü > *Systemeinstellungen*) und klicken Sie in der Kategorie *Internet & Drahtlose Kommunikation* auf das Symbol *Netzwerk*. Im Dialogfenster erscheint der Bereich *Netzwerk*. Klicken Sie dort auf *Assistent*, erscheint der Netzwerkassistent, der Sie auffordert, der Internetverbindung einen Namen zu geben. Tragen Sie einen Namen, z. B. „Privatzugang“, ein und klicken Sie auf *Fortfahren*.

Der Assistent möchte nun wissen, wie Sie den Mac mit dem Internet verbinden möchten. Wählen Sie die betreffende Option, klicken Sie auf *Fortfahren* und folgen Sie dem Assistenten, der Ihnen schließlich den erfolgreichen Abschluss meldet.

Abb. 8.6 Klicken Sie auf das Symbol *Netzwerk* (1), rufen Sie den Assistenten auf (2) und benennen Sie die *Umgebung* (3).

Abb. 8.7 Geben Sie an, welche Art von Internetzugang Sie verwenden (1), und klicken Sie sich durch den Assistenten (2).

8.3 Surfen mit Safari

Ist der Internetzugang eingerichtet, können Sie gleich überprüfen, ob er auch tatsächlich funktioniert: Rufen Sie Safari auf, den Internetbrowser Ihres Macs, dessen Kompass-Symbol sich im Dock befindet.

Willkommen-Seite und Top Sites

Ist alles in Ordnung, begrüßt Safari Sie mit einer Willkommen-Seite und dann seiner eigentlichen Startseite – eine Übersicht sogenannter Top Sites. Site ist das englische Wort für „Internetangebot" und so zeigt Ihnen Safari hier zunächst in Cover Flow-Manier Miniaturdarstellungen der Startseiten beliebter Internetangebote – z. B. des größten Videoportals YouTube, der größten Fotosammlung Flickr und natürlich von Apple selbst.

Die Inhalte der Miniaturdarstellungen sind nicht etwa als Fotos in Safari enthalten, sondern kommen direkt aktuell aus dem Internet. Sinn und Zweck der Top Sites ist es, Ihnen eine schnelle Zugriffsmöglichkeit auf die Internetangebote zu bieten, die Sie häufig besuchen. Safari beobachtet Ihr Surfverhalten und zeigt Ihnen hier nach und nach automatisch Ihre ganz persönlichen Top Sites an.

Eigene Top Sites

Selbstverständlich können Sie bei Safari auch selbst bestimmen, welche Internetangebote Ihnen als Top Sites angezeigt werden. Wenn Sie links unten im Top-Site-Fenster auf *Bearbeiten* klicken, erscheinen X- und Stecknadel-Tasten, mit deren Hilfe Sie Angebote entfernen oder fixieren können. Über die Tasten am rechten unteren Fensterrand legen Sie die Größe der Miniaturdarstellungen fest.

Abb. 8.8 Nach und nach füllt sich die Startseite von Safari mit Ihren persönlichen Top Sites.

Internetangebote aufrufen

Um zu einem Internetangebot zu gelangen, tragen Sie oben in der Adresszeile die Internetadresse ein – z. B. *www.franzis.de* – und drücken die Eingabetaste. Die Top Sites verschwinden und stattdessen erscheint nun die Startseite des Internetangebots. Wollen Sie zu einem anderen Internetangebot wechseln, geben Sie einfach eine neue Adresse ein und drücken wieder die Eingabetaste.

Abb. 8.9 Geben Sie die Internetadresse in die Adresszeile ein.

Hat auch dies geklappt, können Sie nun das Internet erkunden. Safari stellt Ihnen dafür alle möglichen Zusatzfunktionen und Hilfen bereit.

Protokollfunktion und Verlauf

Was Sie sofort bemerken, ist, dass Safari ein Eigenleben führt und sich Ihre Adresseingaben und Internetaktivitäten merkt. Sobald Sie nämlich beginnen, eine neue Internetadresse in die Adresszeile einzutragen, ergänzt Safari Ihre Eingabe und macht Ihnen in einer Ausklappliste, die ebenfalls automatisch erscheint, alternative Adressvorschläge, die Sie mit einem Mausklick übernehmen können. Je länger Sie Safari eingesetzt haben, desto hilfreicher werden die Vorschläge natürlich. Geben Sie die Adresse weiter ein, werden die Seitenvorschläge mit jedem Buchstaben exakter.

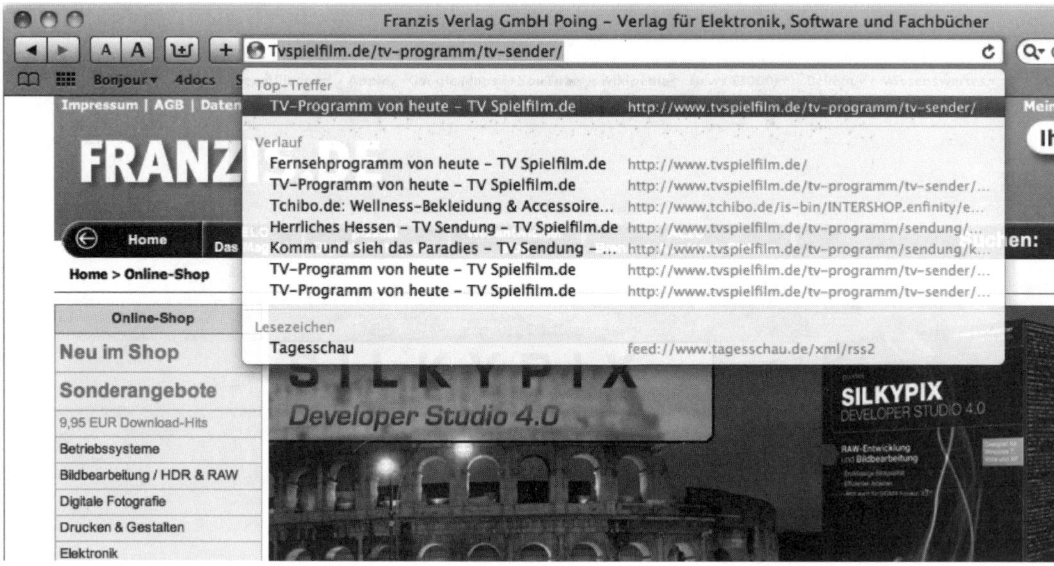

Abb. 8.10 Bereits nach Eingabe des ersten Buchstabens ergänzt Safari automatisch und zeigt mögliche Alternativen in einer Ausklappliste an.

Zu Anfang werden Sie die automatische Vervollständigung und die Ausklappliste vielleicht ein wenig verwirren. Aber nach einer gewissen Zeit werden Sie feststellen, dass beide Funktionen sehr hilfreich sind.

Das Protokoll Ihrer Internetaktivitäten ist der sogenannte Verlauf, den Safari auf Wunsch auch direkt anzeigt.

Wenn Sie bereits einige Internetangebote mit Safari aufgerufen haben, können Sie dies auch gleich einmal ausprobieren: Klicken Sie in der Symbolleiste von Safari auf die Taste mit dem Buchsymbol. Safari wechselt dann auf die Seite *Sammlungen* und zeigt den Verlauf Ihrer Internetaktivitäten in einer sehr übersichtlichen Cover Flow-Darstellung an, die Sie durchblättern können.

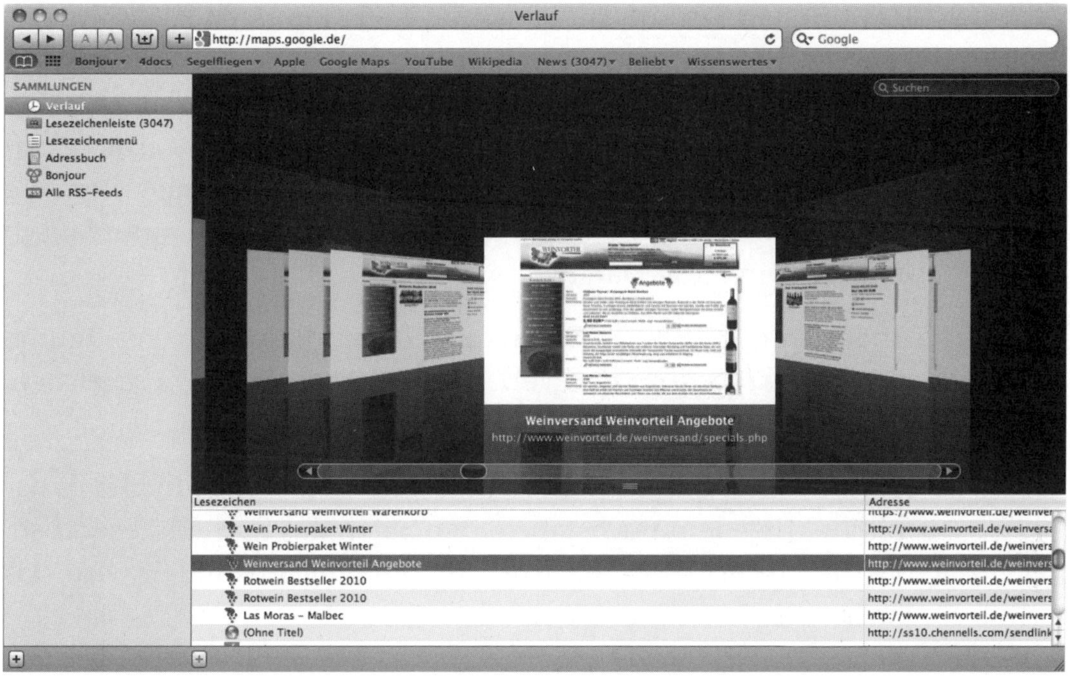

Abb. 8.11 Safari zeigt Ihnen besuchte Internetseiten – den Verlauf – auch in einer Cover Flow-Darstellung an.

Sinn und Zweck ist es, Ihnen hier eine schnelle und direkte Zugriffsmöglichkeit auf Interseiten zu geben, die Sie besucht haben – und das auch dann, wenn Sie deren Adresse längst vergessen haben. Wenn Sie doppelt auf den gewünschten Eintrag klicken, zeigt Ihnen Safari diese Seiten nämlich augenblicklich an. Probieren Sie es aus!

Und damit das Ganze wirklich praktisch ist, gibt es die Cover Flow-Darstellung des Verlaufs nicht nur für den aktuellen Tag, sondern tageweise für den zurückliegenden Monat.

Längere Aufbewahrungsfrist gewünscht? Kein Problem!
Die Monatsfrist für die Aufbewahrung des Verlaufs ist lediglich eine Voreinstellung, die Sie über das Safari-Menü der Menüleiste ändern können (*Safari > Einstellungen*). Das Einstellungsfenster stellen wir Ihnen im folgenden Abschnitt vor.

Um sich den Verlauf eines anderen Tages anzeigen zu lassen, öffnen Sie einen Tageseintrag in der Verlaufsliste, die Ihnen direkt unter der Cover Flow-Darstellung angezeigt wird. Dazu klicken Sie entweder einmal auf das graue Dreiecksymbol vor dem Eintrag oder doppelt auf den Eintrag selbst. Die Internetseiten, die Sie an diesem Tage besucht haben, erscheinen dann automatisch in der Cover Flow-Darstellung.

Außerdem stellt Ihnen Safari eine Suchfunktion zur Verfügung, mit der Sie nicht nur den Verlauf, sondern auch alle Lesezeichen, die Sie angelegt haben, gezielt durchsuchen können.

Genau wie Spotlight funktioniert auch die Verlaufssuche dynamisch: Mit jedem Buchstaben, den Sie in das Suchfeld eingeben, das sich rechts oben im Cover Flow-Bereich befindet, wird das Suchergebnis weiter eingegrenzt.

Abb. 8.12 Öffnen Sie einen Tageseintrag (1), blättern oder scrollen Sie im Verlauf oder klicken Sie einzelne Einträge direkt an (2).

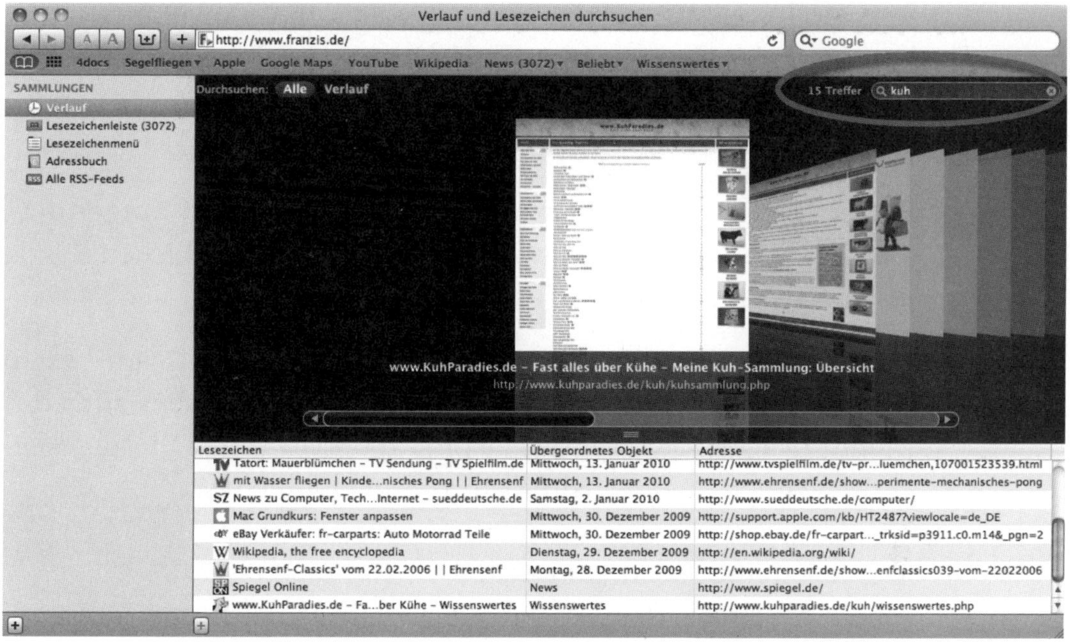

Abb. 8.13 Das Eingabefeld der Verlaufssuche befindet sich rechts oben im Cover Flow-Breich.

Haben Sie sich bereits einige Tage mit Safari im Internet herumgetrieben, sollten Sie sowohl das Aufrufen zurückliegender Verläufe als auch die Verlaufssuche unbedingt ausprobieren, damit Sie sehen, wie praktisch beides ist.

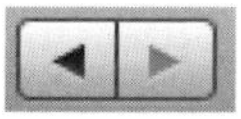

Um von der Cover Flow-Verlaufsdarstellung zurück zur eigentlichen Internetseite zu wechseln, klicken Sie in der Symbolleiste von Safari einfach wieder auf das Buchsymbol oder auf die Pfeiltaste. Alternativ können Sie auch mit zwei Fingern über die Magic Mouse oder mit drei Fingern über das Trackpad Ihres MacBooks streichen.

Mehrere Internetangebote gleichzeitig aufrufen

Mit Safari können Sie auch mehrere Internetangebote gleichzeitig aufrufen und dann ganz bequem von einem Angebot ins andere wechseln. Auf diese Weise können Sie sehr komfortabel

z. B. Preisvergleiche zwischen unterschiedlichen Anbietern vornehmen oder sich schnell bei eBay eine Auktion anschauen, während Sie sich eigentlich gerade mit „ernsten" Dingen beschäftigen.

Haben Sie mehrere Internetangebote gleichzeitig aufgerufen, werden sie Ihnen im Safari-Fenster auf unterschiedlichen Registerkarten – sogenannten Tabs – angezeigt.

Um einen neuen Tab einzublenden, verwenden Sie am besten den Kurzbefehl [⌘] + [T]. Alternativ könnten Sie aber auch das Menü *Ablage* in der Menüleiste öffnen und dort den Eintrag *Neuer Tab* wählen, was allerdings recht umständlich ist.

Safari-Symbolleiste anpassen

In der Symbolleiste von Safari gibt es keine Taste, mit der sich ein neuer Tab einblenden lässt. Da sich die Symbolleiste aber anpassen lässt, könnten Sie dies schnell ändern. Wie das geht, erfahren Sie etwas weiter unten.

Haben Sie einen neuen Tab eingeblendet, zeigt Ihnen dieser zunächst wieder Ihre Top Sites (s. Abb. 8.14).

Die Internetseite, die Safari Ihnen zuvor angezeigt hat, wird nun ebenfalls auf einem Tab angezeigt. Zwischen den beiden Tabs können Sie hin- und herwechseln, indem Sie auf den Karteireiter des gewünschten Tabs klicken. Die Internetadresse, die Sie in die Adresszeile eingeben, bezieht sich immer auf den Tab, der Ihnen gerade angezeigt wird.

Natürlich können Sie noch weitere Tabs einblenden. Wenn Ihnen die Tab-Leiste angezeigt wird, stellt Safari zu diesem Zweck sogar noch eine zusätzliche Taste zur Verfügung. Ganz rechts außen in der Tab-Leiste sehen Sie eine kleine Plustaste, mit der Sie einen weiteren neuen Tab einblenden können (s. Abb. 8.15).

Alternativ können Sie dafür aber auch weiter den Kurzbefehl ⌘ + T verwenden.

Abb. 8.14 Der neue Tab, den Sie angefordert haben, zeigt Ihnen Ihre Top Sites.

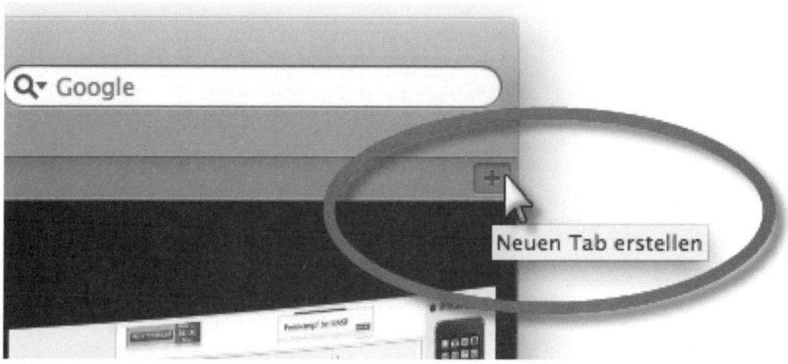

Abb. 8.15 Wird Ihnen die Tab-Leiste angezeigt, können Sie weitere Tabs mit der Plustaste einblenden.

Tabs verschieben und schließen

Haben Sie mehrere Tabs eingeblendet, können Sie die Reihenfolge der Tabs sehr einfach verändern, indem Sie die Karteireiter eines Tabs mit dem Mauszeiger fassen und dann nach rechts oder links verschieben. Lassen Sie die Maus- oder Trackpad-Taste los, wird der Tab wieder fest eingefügt (s. Abb. 8.16).

Tabs, die Sie nicht mehr benötigen, schließen Sie mit einem Klick auf die *X*-Taste, die erscheint, wenn Sie den Mauszeiger auf ein Tab-Register führen (s. auch Abb. 8.16).

> **Alle Tabs auf einmal schließen**
>
> Sollten Sie mehrere Tabs nicht mehr benötigen, halten Sie die `Wahltaste` gedrückt und klicken auf die X-Taste eines Tabs. Safari schließt dann alle anderen Tabs auf einmal, sodass nur noch der Inhalt des aktuellen Tabs erscheint.

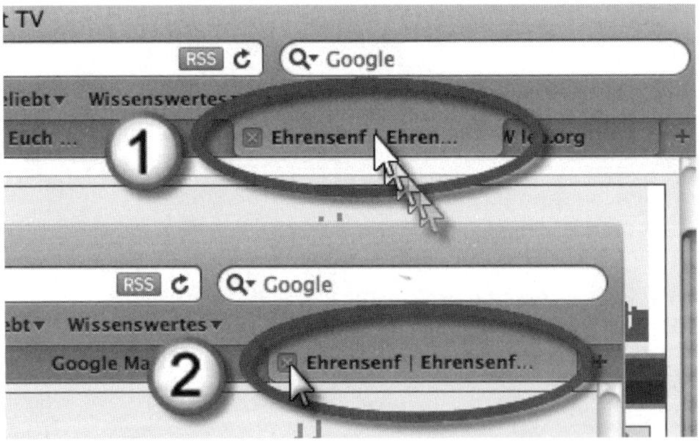

Abb. 8.16 Tabs lassen sich verschieben (1) und mit einem Klick auf die *X*-Taste schließen (2).

Lesezeichen anlegen und verwalten

Bei Ihren Ausflügen in die weite Welt des Internets werden Sie schnell und immer wieder auf interessante Internetangebote stoßen, die Sie erneut besuchen möchten. Die Angebote, die Sie am häufigsten aufsuchen, sammelt Safari ja automatisch auf den Top Sites, die Sie übrigens jederzeit mit einem Klick auf die Top Sites-Taste in der Symbolleiste einblenden können.

Abb. 8.17 Ein Klick auf diese Taste und die Top Sites werden Ihnen angezeigt.

Schreiben Sie sich ungelistete Seiten immer auf kleine Zettel, um erneut zu ihnen zu gelangen? Das ist nicht nötig, denn Safari hat gleich mehrere Mechanismen dafür parat.

Die automatische Ergänzung und die Ausklappliste des Verlaufsprotokolls haben wir Ihnen ja bereits vorgestellt. Außerdem bietet Safari noch die Möglichkeit, mit regelrechten Lesezeichen zu arbeiten – und das ist ganz einfach.

Lesezeichen setzen

Haben Sie eine interessante Internetseite aufgerufen, die Sie gern erneut besuchen möchten, klicken Sie auf die Taste mit dem Pluszeichen, die sich direkt vor der Adresszeile befindet. Safari blendet dann ein Fenster ein, in dem Sie das Lesezeichen benennen und in einer Auswahlliste festlegen können, wo es gespeichert werden soll. Vergeben Sie keinen eigenen Namen, übernimmt Safari den Titel des Internetangebots.

Abb. 8.18 Um ein Lesezeichen zu setzen, klicken Sie auf die Plustaste vor der Adresszeile (1), tragen eventuell einen anderen Namen ein (2)…

In der Auswahlliste, die Sie mit einem Klick auf die blaue Dreiecktaste öffnen, haben Sie die Wahl zwischen zwei Speicherorten – der *Lesezeichenleiste* mit ihren Ordnern und dem *Lesezeichenmenü.*

Abb. 8.19 … und wählen aus, wo das Lesezeichen gespeichert werden soll (3).

Entscheiden Sie sich für die Option *Lesezeichenmenü,* trägt Safari Namen und Internetadresse in eine Lesezeichenliste ein, die Sie über das Buchsymbol der Symbolleiste einsehen können. Ihre Lesezeichen werden Ihnen dort in einer Cover Flow-Darstellung angezeigt und können mit einem Klick auf das Cover Flow-Bild oder einem Doppelklick auf den Listeneintrag geöffnet werden.

Lesezeichenliste strukturieren

Ihre Lesezeichenliste wird im Laufe der Zeit immer länger und damit auch immer unübersichtlicher. Den Überblick können Sie behalten, wenn Sie zusätzliche Ordner einsetzen, die Sie über die beiden Plustasten, die sich am unteren Rand des Lesezeichenmenüfensters befinden, sowohl in der linken Navigationsleiste als auch im Listenbereich einfügen können.

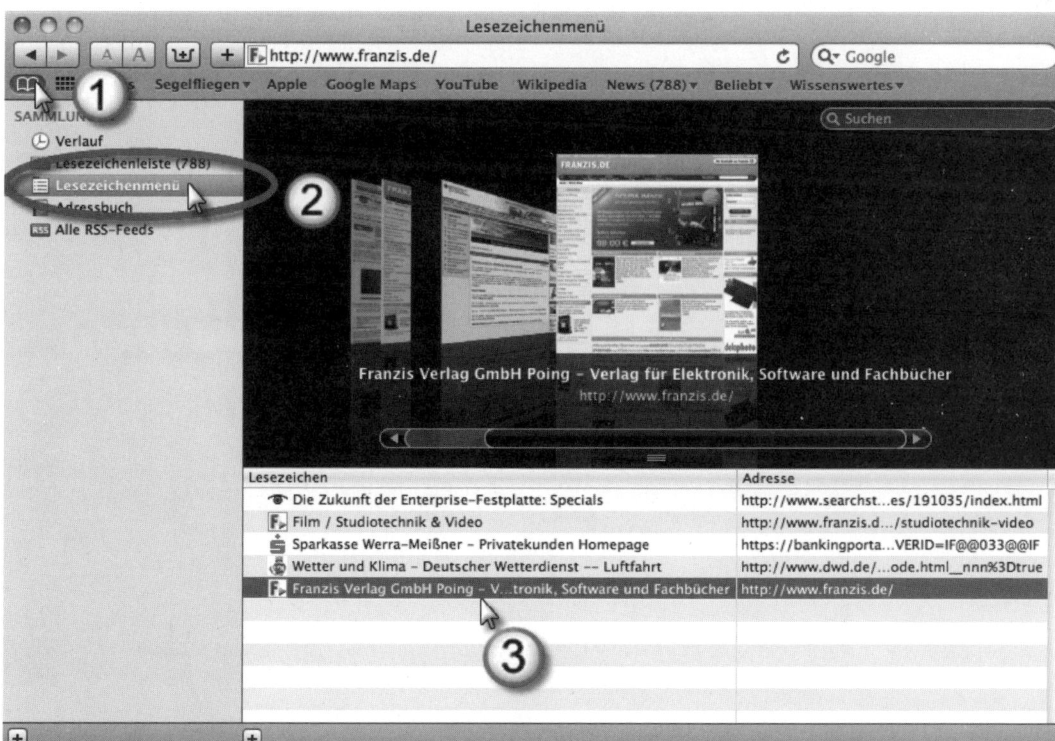

Abb. 8.20 Um ein Lesezeichen aufzurufen, klicken Sie auf das Buchsymbol (1), den Navigationsleisteintrag (2) und auf den Lesezeicheneintrag (3).

Mit dem Begriff *Lesezeichenleiste* ist der untere Bereich der Symbolleiste gemeint, in dem Safari Ihnen bereits einige Lesezeichen und Lesezeichenordner anzeigt – z. B. *YouTube*, *Apple* und *Beliebt*. Entscheiden Sie sich also für den Eintrag *Lesezeichenleiste* oder einen der Lesezeichenleistenordner, wird Ihr Lesezeichen mit dem Namen, dem Sie ihm gegeben haben, oder – falls Sie ihn nicht geändert haben – dem Standardnamen dort angezeigt. Entweder erscheint das Lesezeichen direkt in der Leiste (s. Abb. 8.21) oder in einem der Ordner, bei denen Ihnen ein nach unten weisendes Dreieck anzeigt, dass Sie den Ordnereintrag mit einem Klick öffnen können.

Abb. 8.21 Wichtige Lesezeichen können Sie direkt in der Lesezeichenleiste ablegen.

Lesezeichenleisteneinträge anpassen, entfernen, hinzufügen

Genau wie bei Tabs können Sie auch die Reihenfolge der Einträge der Lesezeichenleiste beliebig verändern, indem Sie einen Eintrag mit dem Mauszeiger fassen und an eine andere Position in der Leiste ziehen. Lassen Sie die Maus- oder Trackpad-Taste los, wird der Eintrag in die Leiste eingefügt. Ziehen Sie hingegen einen Eintrag komplett aus der Lesezeichenleiste heraus und lassen dann die Maus- oder Trackpad-Taste los, „verpufft" der Eintrag und ist entfernt.

Abb. 8.22 So können Sie einen Eintrag der Lesezeichenleiste verschieben (1) oder durch Herausziehen komplett entfernen (2 und 3).

Alternativ können Sie einen Eintrag auch entfernen, indem Sie ihn mit der sekundären Maustaste oder unter Zuhilfenahme der `Ctrl`-Taste anklicken und im Aktionsmenü dann den Eintrag *Löschen* wählen. Über das Aktionsmenü lassen sich ein Lesezeicheneintrag oder die Einträge eines kompletten Lesezeichenorders übrigens auch in einem neuen Tab bzw. mehreren neuen Tabs öffnen.

Abb. 8.23 Über das Aktionsmenü können Sie einen Lesezeicheneintrag nicht nur löschen, sondern auch in einem neuen Tab oder Fenster öffnen.

Und auch das Hinzufügen eines neuen Lesezeichenordners erledigen Sie am einfachsten über ein Aktionsmenü: Wenn Sie mit der sekundären Maustaste – oder per `Ctrl` + Klick – auf eine freie Stelle der Lesezeichenleiste klicken, erscheint ein Aktionsmenü, das Ihnen den Eintrag *Neuer Ordner* anbietet. Haben Sie diesen Eintrag gewählt, erscheint ein kleines Fenster, in dem Sie dem neuen Ordner einen Namen geben und dann mit einem Klick auf die *OK*-Taste in die Leiste einfügen.

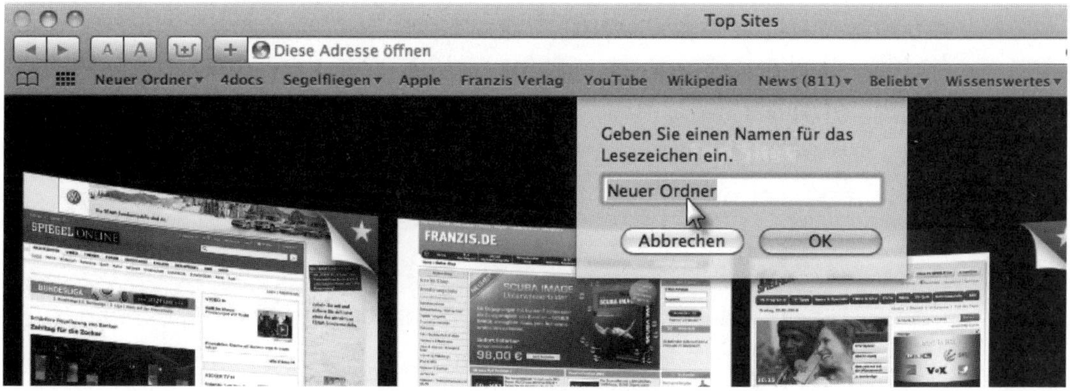

Abb. 8.24 Über das Aktionsmenü blenden Sie ein Fenster ein, in dem Sie Ihrem neuen Lesezeichenordner einen Namen geben können.

Suchen im Internet und in Internetangeboten

Um geeignete und wichtige Internetangebote aufsuchen zu können, benötigen Sie deren Internetadressen. Diese liefert Ihnen eine Suchmaschine. Bei Safari ist bereits ein Suchfeld für die populärste Suchmaschine Google integriert, in das Sie Ihre Suchanfrage eintragen können. Das Suchfeld befindet sich hinter der Adresszeile und ist mit einem Lupensymbol gekennzeichnet.

Das Suchfeld arbeitet auch dynamisch, sodass Sie bereits während der Eingabe Ihrer Suchanfrage Suchvorschläge angezeigt bekommen, die Sie alternativ anklicken können. Ihre eigene Suchanfrage starten Sie mit der [↵]. In beiden Fällen erscheint das Suchergebnis auf der Google-Seite, von der aus Sie dann Ihren Internetausflug beginnen können.

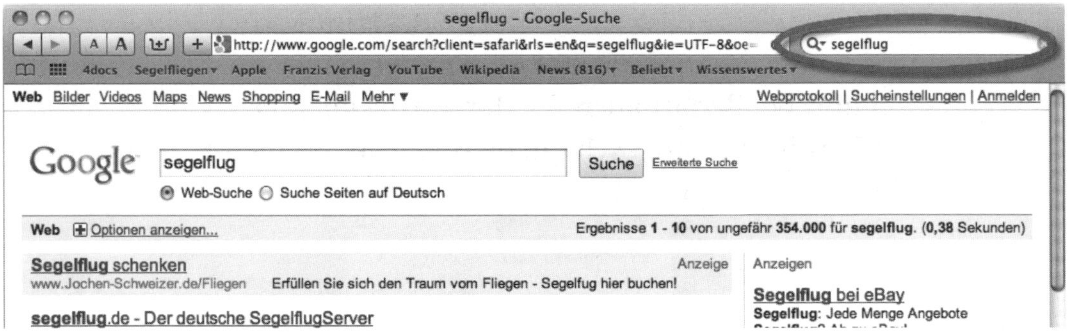

Abb. 8.25 Das Ergebnis der Suchanfrage, die Sie in das Safari-Suchfeld eingetragen haben, erscheint auf der Google-Seite.

In der Ausklappliste, die bei der Sucheingabe automatisch erscheint, werden Ihre letzten Suchanfragen aufgelistet und ganz unten gibt es dort den Eintrag *...auf dieser Seite suchen*. Wenn Sie also nicht das komplette Internet, sondern nur die Internetseite, die Safari Ihnen gerade anzeigt, durchsuchen lassen möchten, brauchen Sie nichts weiter zu tun, als diesen Eintrag anzuklicken.

Abb. 8.26 Safari bietet Ihnen hier auch die Möglichkeit, die aktuelle Seite durchsuchen zu lassen.

Haben Sie die Seitensuche gestartet, blendet Safari eine Suchleiste ein, mit deren Pfeiltasten Sie von einer Fundstelle zur nächsten und bei Bedarf auch wieder zurückgelangen. Haben Sie sich die Fundstellen angeschaut, blenden Sie die Suchleiste mit einem Klick auf *Fertig* wieder aus.

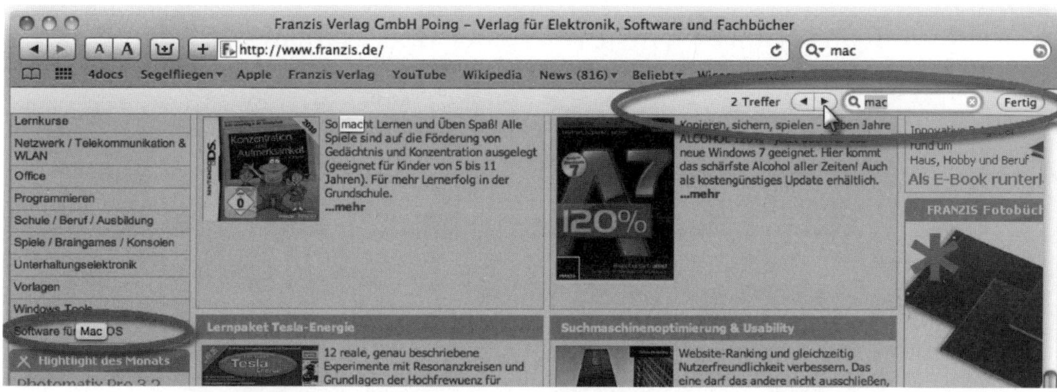

Abb. 8.27 Mithilfe der Suchleiste können Sie von einer Fundstelle zur nächsten springen.

> **Andere Suchmaschine? Kleines Problem!**
> Natürlich können Sie mit Safari alle möglichen Suchmaschinen benutzen, indem Sie sie direkt oder etwas bequemer über ein Lesezeichen aufrufen. Ersetzen können Sie die Google-Anbindung an das Suchfeld aber nicht. Eine Alternative ist aber z. B. der kostenlose Suchdienst Inquisitor, den Sie auch über ein Eingabefeld in der Symbolleiste nutzen können. Inquisitor können Sie unter der Internetadresse *www.inquisitorx.com* herunterladen.

Symbolleiste anpassen und Grundeinstellungen ändern

Zusätzlich zu den umfassenden Funktionen bietet Ihnen Safari auch viele Anpassungsmöglichkeiten, die einerseits die Bedienung noch ein wenig einfacher machen und es andererseits ermöglichen, die Standardeinstellungen zu ändern.

So passen Sie die Symbolleiste an

Sobald Sie sich mit Safari ein wenig vertraut gemacht haben, sollten Sie die Symbolleiste anpassen und dort Tasten für die Funktionen einfügen, die Sie häufig benötigen. Sie sparen dadurch „Klickumwege" über die Menüs von Safari.

Um die Symbolleiste anzupassen, klicken Sie in der Menüleiste auf das Safari-Menü *Darstellung* und wählen dort den Eintrag *Symbolleiste anpassen* oder Sie klicken „sekundär" (rechte Maustaste oder `Ctrl` + Klick oder 2-Finger + Klick) auf eine freie Stelle der Symbolleiste und wählen den Aktionsmenüeintrag *Symbolleiste anpassen*.

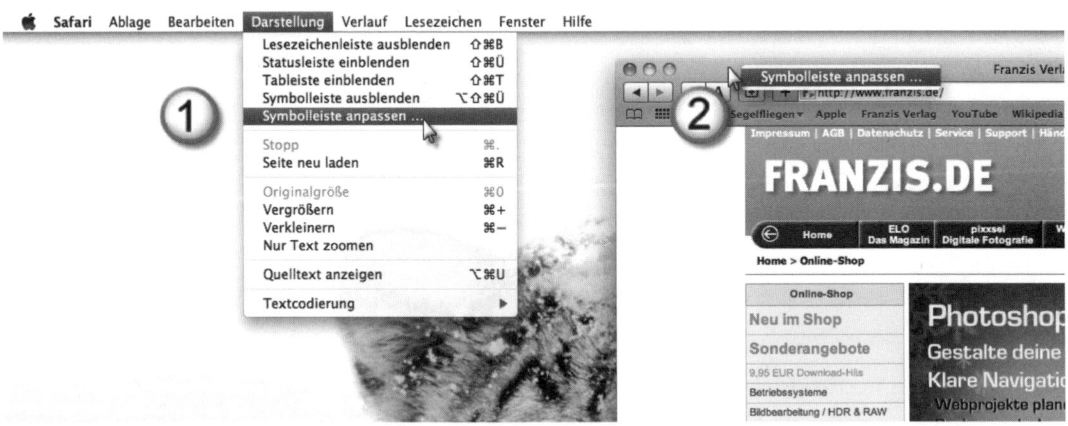

Abb. 8.28 Öffnen Sie das Menü *Darstellung* (1) oder klicken Sie rechts auf die Symbolleiste (2) und wählen Sie den Menüeintrag *Symbolleiste anpassen*.

Safari blendet das Anpassungsfenster ein, mit dessen Hilfe Sie die Symbolleiste nun anpassen können. Das Fenster zeigt Ihnen alle Symboltasten, die zur Verfügung stehen. Möchten Sie eine Symboltaste in die Symbolleiste übernehmen, fassen und ziehen Sie sie mit dem Mauszeiger an die Stelle in der Symbolleiste, an der sie erscheinen soll. Lassen Sie die Maustaste los, wird die Taste dort eingefügt.

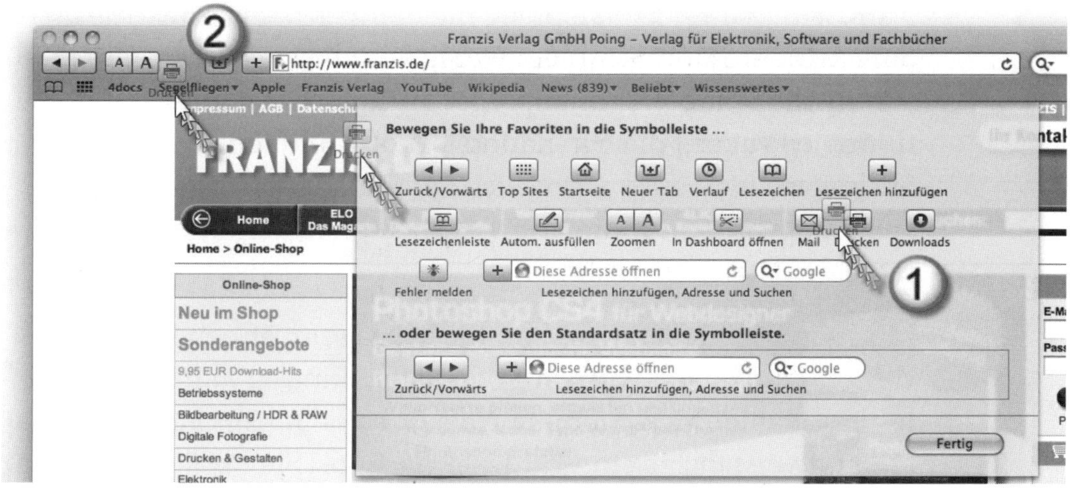

Abb. 8.29 Um eine Symboltaste einzufügen, fassen Sie sie (1) und ziehen sie an die Stelle, an der sie in die Symbolleiste eingefügt werden soll (2).

Überflüssige Symboltasten ziehen Sie einfach aus der Symbolleiste heraus und lassen dann die Maustaste los. Genau wie überflüssige Lesezeicheneinträge verpuffen sie dann in einer Rauchwolke.

Haben Sie Ihre Anpassungsarbeiten erledigt, schließen Sie das Anpassungsfenster mit einem Klick auf *Fertig*.

So schützen Sie Ihre Privatsphäre und ändern die Grundeinstellungen

Safari arbeitet mit einer ganzen Reihe von Voreinstellungen, die Sie ändern und anpassen können. So zeichnet es z. B. jede Ihrer Internetaktivitäten auf und protokolliert diese im Verlauf, zeigt Ihnen als Startseite die Top Sites an und bewahrt den Verlauf für den Zeitraum eines Monats auf. All diese Grundeinstellungen können Sie ändern und Ihrem Bedarf anpassen.

Zum Schutz Ihrer Privatsphäre bietet Ihnen Safari – wie die meisten anderen Internetbrowser auch – die Möglichkeit, *privat* zu surfen. Sind Sie *privat* unterwegs, zeichnet Safari Ihre Aktivitäten weder im Verlauf noch in anderen Protokolldateien auf. Ja, selbst Suchworteingaben „merkt" sich Safari dann nicht mehr und verzichtet auch darauf, die *privat* besuchten Seiten in die Top Sites mit einzubeziehen.

Möchten Sie mit Safari *privat* unterwegs sein, öffnen Sie das Safari-Menü mit einem Klick auf den Safari-Eintrag in der Menüleiste und wählen den Menüeintrag *Privates Surfen*. Safari blendet ein Hinweisfenster ein und fragt nach, ob Sie tatsächlich privat surfen möchten. Dies bestätigen Sie mit einem Klick auf die *OK*-Taste.

Abb. 8.30 Wählen Sie den Menüeintrag *Privates Surfen* (1) und klicken Sie auf die OK-Taste im Hinweisfenster (2).

Privates Surfen ist nur vorübergehend aktiviert
Die Privateinstellung gilt bei Safari immer nur für die aktuelle Sitzung. Sobald Sie Safari beenden, ist auch das private Surfen beendet. Nach einem Neustart protokolliert Safari Ihre Internetaktivitäten wieder und bezieht die Internetseiten, die Sie besuchen, in den Verlauf mit ein. Möchten Sie das nicht, müssen Sie das private Surfen erneut aktivieren.

Alle anderen Grundeinstellungen ändern Sie im Dialogfenster *Einstellungen*, das Sie auch über das Safari-Menü in der Menüleiste aufrufen können (*Safari* > *Einstellungen*). Alternativ können Sie das Dialogfenster auch mit dem Kurzbefehl ⌘ + , aufrufen.

Das Dialogfenster *Einstellungen* zeigt Ihnen zu Beginn die Seite *Allgemein*, auf der Sie gleich eine ganze Reihe wichtiger Grundeinstellungen ändern können.

So lässt sich in den Auswahllisten der beiden Einträge *Neue Fenster öffnen mit* und *Neue Tabs öffnen mit* festlegen, ob Safari Ihnen z. B. die Top Sites, eine bestimmte Startseite oder einfach eine leere Seite anzeigen soll. Um welche Startseite es sich dabei handeln soll, tragen Sie im Eingabefeld *Startseite* entweder direkt ein oder klicken auf *Aktuelle Seite auswählen*, um die Adresse der Seite, die Safari Ihnen gerade anzeigt, automatisch in das Eingabefeld zu übernehmen.

Auf der Seite *Allgemein* finden Sie auch die Einstellungsmöglichkeit für die „Haltbarkeit" der Verlaufsinformationen. Wenn Sie die Ausklappliste des Eintrags *Objekte aus Verlauf entfernen* öffnen, haben Sie die Wahl, den Verlauf nach einem Tag, einer Woche, zwei Wochen, einem Monat und einem Jahr automatisch löschen zu lassen oder das Löschen selbst zu erledigen.

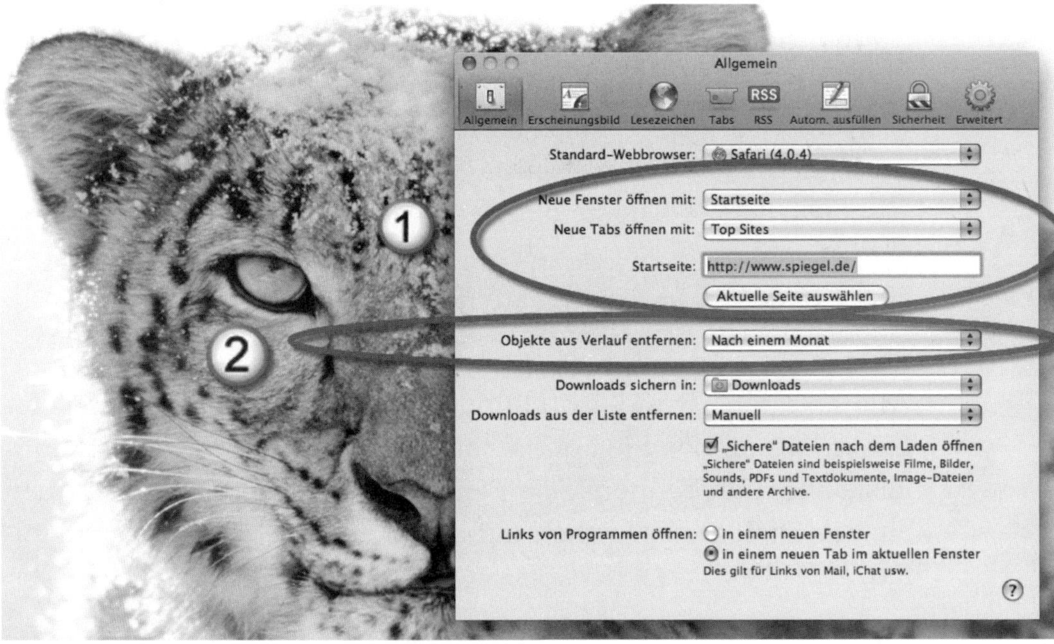

Abb. 8.31 Auf der Seite *Allgemein* legen Sie u. a. die Startseitenoptionen (1) und die Zeitspanne des Verlaufs fest (2).

Wechseln Sie mit einem Klick auf die Symboltaste *Erscheinungsbild* auf die entsprechende Einstellungsseite, können Sie dort vor allem Schriftart und -größe einstellen, in denen Ihnen textbasierte Internetseiten angezeigt werden. Eine Änderung der Standardeinstellung ist hier eigentlich nicht notwendig. Wollen Sie wissen, was die einzelnen Einstellungen bewirken, klicken Sie hier – genau wie auf allen anderen Seiten des Dialogfensters – auf das Fragezeichensymbol. Es erscheint die Kontexthilfe von Safari, die Ihnen zusätzliche Informationen zu den Einstellungsoptionen gibt.

Abb. 8.32 Wünschen Sie Zusatzinformationen, klicken Sie auf das Fragezeichensymbol.

Nehmen Sie sich ein wenig Zeit und schauen Sie sich die weiteren Optionen an, um zu entscheiden, welche Einstellungen für Sie am besten sind. Fast immer geht es dabei um persönliche Präferenzen. Unangetastet lassen sollten Sie lediglich die Voreinstellungen der beiden Sicherheitsoptionen *Sites mit betrügerischen Inhalten – Bei betrügerischen Inhalten warnen* und *Vor dem Senden unsicherer Formulare von sicheren Websites nachfragen,* die Sie auf der Einstellungsseite *Sicherheit* finden und die beide aktiviert sind.

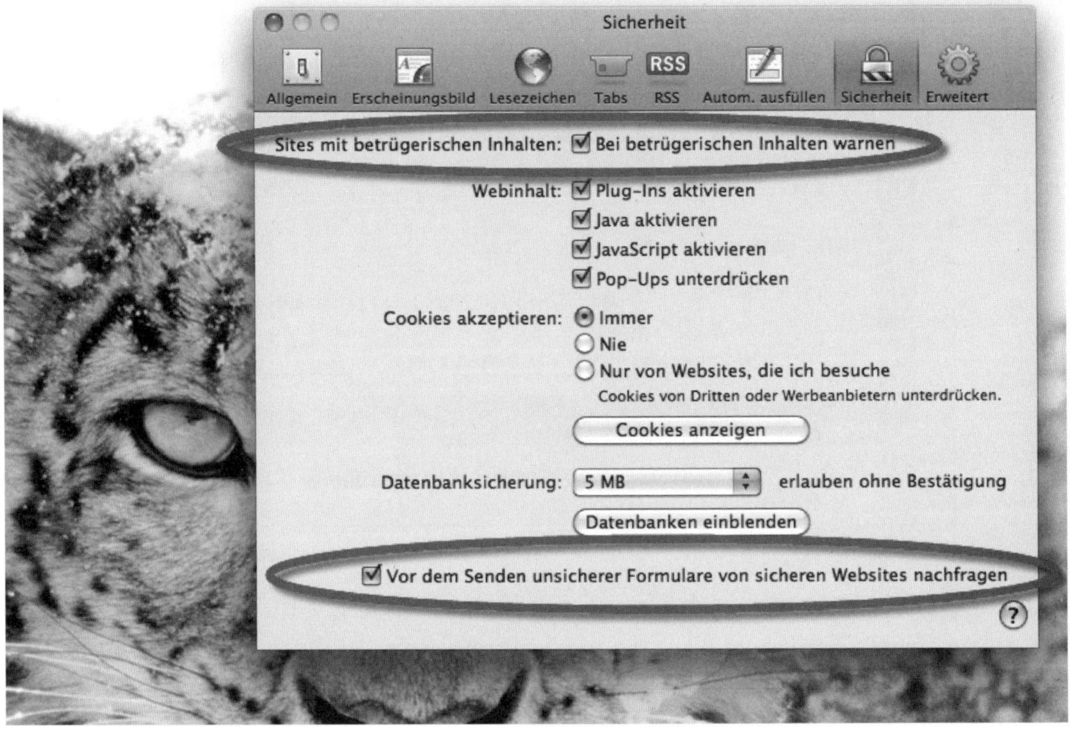

Abb. 8.33 Aus Sicherheitsgründen sollten Sie diese beiden Sicherheitsoptionen aktiviert lassen.

Seiten und Seiteninhalte drucken, sichern und kopieren

Safari ist zwar ein „Betrachter" für Internetseiten, das heißt aber nicht, dass Sie sich diese tatsächlich nur anschauen können. Natürlich können Sie Internetseiten auch drucken, komplett oder in Auszügen sichern und Inhalte, wie etwa bestimmte Textpassagen und einzelne Fotos und Grafiken, kopieren und in eigene Dokumente übernehmen.

Achtung! Unbedingt Urheberrechte beachten

Bei der Weiterverwendung von Internetinhalten – egal, ob Text oder Bilder – müssen Sie immer daran denken, dass diese nicht ohne Weiteres frei verwendbar, sondern urheberrechtlich geschützt sind.

Dies ist vor allem bei Bildmaterial wie Fotos, Grafiken, Landkarten oder Wegbeschreibungen der Fall. So kann bereits der nicht genehmigte Abdruck einer Wegbeschreibungsgrafik auf einer privaten Einladungskarte urheberrechtlich geahndet werden. Äußerste Vorsicht ist geboten, wenn Sie Fremdinhalte auf Ihrer privaten Homepage im Internet veröffentlichen.

Internetseiten drucken, speichern und wieder aufrufen

Möchten Sie eine Internetseite, die Safari Ihnen anzeigt, komplett drucken, so erledigen Sie dies mit wenigen Mausklicks: Entweder öffnen Sie in der Menüleiste das Menü *Ablage* und klicken dort auf den Eintrag *Drucken* oder Sie klicken „sekundär" auf das Internetangebot und wählen den Aktionsmenüeintrag *Seite drucken*. Alternativ können Sie auch den Kurzbefehl [⌘] + [p] verwenden.

Abb. 8.34 Klicken Sie im Menü *Ablage*(1) oder im Aktionsmenü (2) auf den Druckeintrag.

Safari blendet das *Drucken*-Fenster ein, in dem Sie dann auf *Drucken* klicken, um den Druckvorgang zu starten.

Das Sichern einer kompletten Seite erledigen Sie ebenfalls über das Menü *Ablage* (*Sichern unter*) oder das Aktionsmenü (*Seite sichern unter*). Der alternative Kurzbefehl lautet [⌘] + [S]. Safari blendet daraufhin ein *Sichern*-Fenster ein, in dem Sie in Finder-Manier einen Speicherort auswählen und der Seite einen eigenen Namen geben können. Benennen Sie die Seite nicht, wird der Internetname der Seite übernommen. Mit einem Klick auf *Sichern* starten Sie den Sicherungsvorgang.

Abb. 8.35 Wählen Sie einen Speicherort (1), geben Sie der Seite eventuell einen eigenen Namen (2) und klicken Sie auf *Sichern* (3).

Und natürlich ist auch der umgekehrte Weg ganz einfach:

Wollen Sie sich eine Internetseite anschauen, die Sie gesichert haben, und ist Safari bereits gestartet, öffnen Sie aus Safari heraus das Menü *Ablage* und wählen dort den Eintrag *Datei öffnen*. Safari zeigt Ihnen das Auswahlfenster *Öffnen*, in dem Sie den Eintrag der gewünschten Internetseite anwählen und dann auf *Öffnen* klicken.

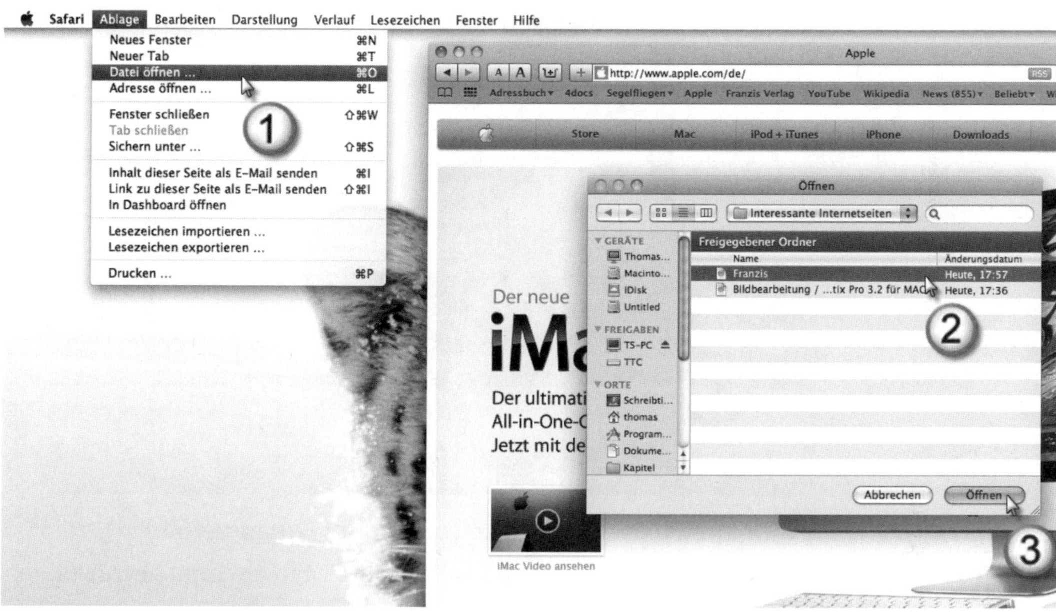

Abb. 8.36 Klicken Sie im Menü *Ablage* auf *Datei öffnen* (1), wählen Sie den Sicherungseintrag (2) und klicken Sie auf *Öffnen* (3).

Safari zeigt Ihnen die Internetseite sofort an. Das Adresseingabefeld von Safari zeigt den Speicherort vom Mac und nicht die Internetadresse an.

Wenn Safari nicht aktiv ist, lässt sich eine gesicherte Internetseite natürlich auch mit dem Finder öffnen: Öffnen Sie den Ordner, in dem die gewünschte Internetseite gespeichert ist, klicken Sie auf die Minidarstellung in der Cover Flow-Darstellung oder doppelt auf den Listeneintrag. Daraufhin wird die Seite von Safari angezeigt – ebenfalls mit dem Adressverweis auf den Speicherort.

Abb. 8.37 Wenn Sie eine gesicherte Internetseite mit dem Finder öffnen (1), zeigt Safari sie Ihnen an und verweist dabei auf den Mac als Speicherort (2).

Bilder und Textpassagen speichern und kopieren

Das Sichern oder Kopieren und Einfügen von einzelnen Inhalten einer Internetseite ist ebenfalls schnell erledigt.

Am einfachsten geht das bei Abbildungen. Wollen Sie ein Bild oder eine Grafik sichern oder kopieren und in ein anderes Dokument einfügen, brauchen Sie nichts weiter zu tun, als „sekundär" auf die Abbildung zu klicken und im Aktionsmenü entweder den Eintrag *Bild sichern unter* oder *Bild kopieren* zu wählen.

Abb. 8.38 Um eine Abbildung zu sichern oder zu kopieren, klicken Sie am besten „sekundär" darauf (1) und wählen im Aktionsmenü den *Sichern-* oder *Kopieren*-Eintrag.

Zum Sichern einer Abbildung blendet Safari ein *Sichern*-Fenster ein, in dem Sie den Speicherort wählen und der Abbildung einen Namen geben können.

Haben Sie hingegen den *Kopieren*-Eintrag gewählt, wechseln Sie zum Dokument, in das Sie die Abbildung einfügen möchten, und wählen dort entweder den Aktionsmenübefehl *Einsetzen* oder den Kurzbefehl ⌘ + V. Die Abbildung erscheint im Dokument dann an der Position der Einfügemarke.

Safari bietet Ihnen aber noch eine genial einfache Möglichkeit zum Sichern und Kopieren von Abbildungen: Wenn Sie eine

Abbildung interessiert, ziehen Sie sie einfach aus dem Safari-Fenster heraus auf den Schreibtisch!

Abb. 8.39 Ziehen Sie die Abbildung aus dem Safari-Fenster (1) auf den Schreibtisch, wird sie zu einem Schreibtischsymbol (2).

Klicken Sie doppelt auf das Schreibtischsymbol, wird es in einem Vorschauprogramm geöffnet. Das Vorschauprogramm stellt Ihnen diverse Bearbeitungswerkzeuge zur Verfügung, z. B. die Möglichkeit, die Abbildung zu drucken, per E-Mail zu versenden oder in einem anderen Dateiformat zu speichern.

Abb. 8.40 Ein Doppelklick auf das Symbol lässt die Abbildung im Vorschauprogramm erscheinen.

Solange sich die Abbildung als Symbol auf dem Schreibtisch befindet, können Sie sie von dort auch jederzeit in andere Dokumente einfügen. Benötigen Sie das Abbildungssymbol nicht mehr, ziehen Sie es einfach mit dem Mauszeiger in den Papierkorb.

Möchten Sie Textpassagen oder gemischte Text- und Bildpassagen übernehmen, funktioniert dies auf ähnliche Weise. Allerdings müssen Sie zuvor die gewünschte Passage markieren. Dazu führen Sie den Mauszeiger z. B. direkt vor die Passage, drücken die Maus- oder Trackpad-Taste, halten sie gedrückt und bewegen den Mauszeiger ans Ende der gewünschten Passage. Solange Sie den Mauszeiger bewegen, folgt die Markierung der Zeigerbewegung. Ist alles markiert, lassen Sie die Maustaste los und die Markierung bleibt erhalten. Probieren Sie es aus, es ist einfacher, als es klingt!

Ist es Ihnen gelungen, die gewünschte Passage zu markieren, klicken Sie „sekundär" auf die Markierung und wählen den Aktionsmenüeintrag *Kopieren* oder verwenden den Kurzbefehl [⌘] + [C].

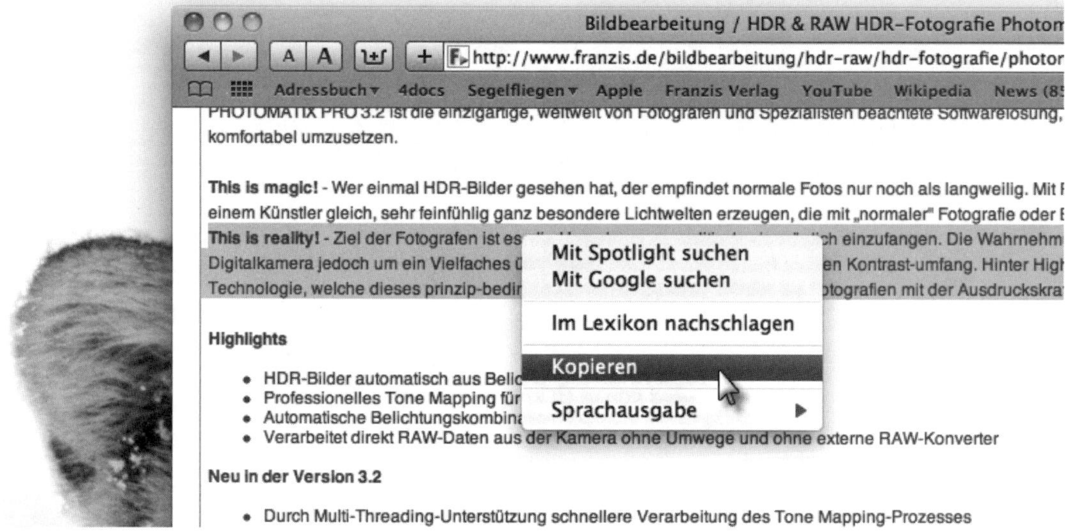

Abb. 8.41 Markieren Sie die gewünschte Passage, klicken Sie „sekundär" darauf und wählen Sie den *Kopieren*-Eintrag.

Wollen Sie die Passage dann in ein anderes Dokument einfügen, wechseln Sie zu dessen Programmfenster, platzieren dort die Einfügemarke an der gewünschten Stelle und wählen z. B. den Aktionsmenüeintrag *Einsetzen* oder verwenden den Kurzbefehl [⌘] + [V]. Die Passage erscheint dann dort, wo sich die Einfügemarke gerade befindet.

Genau wie eine Abbildung können Sie aber auch eine reine Textpassage als Symbol auf dem Schreibtisch ablegen, indem Sie wieder die Markierung auf den Schreibtisch ziehen und die Maus- oder Trackpad-Taste dann loslassen.

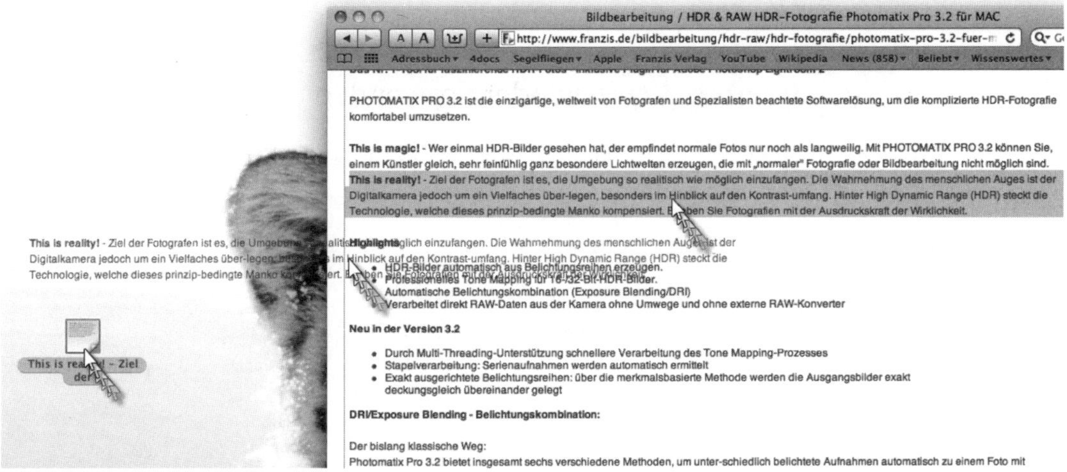

Abb. 8.42 Eine Textpassage können Sie auch als Schreibtischsymbol ablegen.

Wenn Sie doppelt auf das Symbol klicken, erscheint die Textpassage allerdings nicht im Vorschauprogramm, sondern in einem Textfenster, in dem Sie den Text entweder komplett oder Teile davon markieren und kopieren können. Die Passage lässt sich auch durch Hineinziehen des Schreibtischsymbols komplett in ein anderes Dokument übernehmen. Außerdem können Sie natürlich auch dieses Schreibtischsymbol entsorgen, indem Sie es in den Papierkorb ziehen.

Es muss nicht Safari sein

Auch wenn der Mac mit Safari verbunden ist, heißt dies nicht, dass Sie Safari für den Internetzugriff verwenden müssen. Sie können selbstverständlich auch alternative Browser installieren und einsetzen. Empfehlenswert ist z. B. der Internetbrowser Firefox für Mac, den Sie unter der Internetadresse *www.mozilla-europe.org/de/firefox* herunterladen können.

Abb. 8.43 Mit einem Mausklick können Sie Firefox hier herunterladen und dann ausprobieren, ob der Browser tatsächlich der beste der Welt ist.

8.4 Downloads: Programme und Dateien herunterladen

Das Internet wäre nicht so attraktiv, wenn es keine Möglichkeit gäbe, Dokumente und vor allem Programme aus dem Internet auf einen lokalen Computer – egal, ob Mac oder PC – herunterzuladen. Wie aber funktioniert das? Wie lässt sich am Mac downloaden?

Auch das ist wieder ganz einfach. Normalerweise ist dafür nur ein Mausklick auf den Download-Befehl auf der Internetseite des Anbieters notwendig – wie z. B. bei Firefox (s. Abb. 8.43) –, um den Ladevorgang auszulösen. Nach dem Herunterladen müssen Sie das Programm noch installieren, was auch immer auf die gleiche Weise funktioniert.

Falls Sie noch kein Büroprogrammpaket auf Ihrem Mac installiert haben, können Sie das Herunterladen und Installieren ja gleich einmal am Beispiel von OpenOffice.org ausprobieren. Sollten Sie OpenOffice.org nicht benötigen, versuchen Sie es doch tatsächlich einmal mit Firefox.

Dazu starten Sie Safari und rufen entweder das OpenOffice.org-Angebot (*www.openoffice.org*) oder das Mozilla-Angebot (*www.mozilla-europe.org/de/firefox*) auf und klicken auf den dortigen Download-Befehl. Es erscheint daraufhin das Fenster *Downloads*, das Ihnen den Ladefortschritt anzeigt.

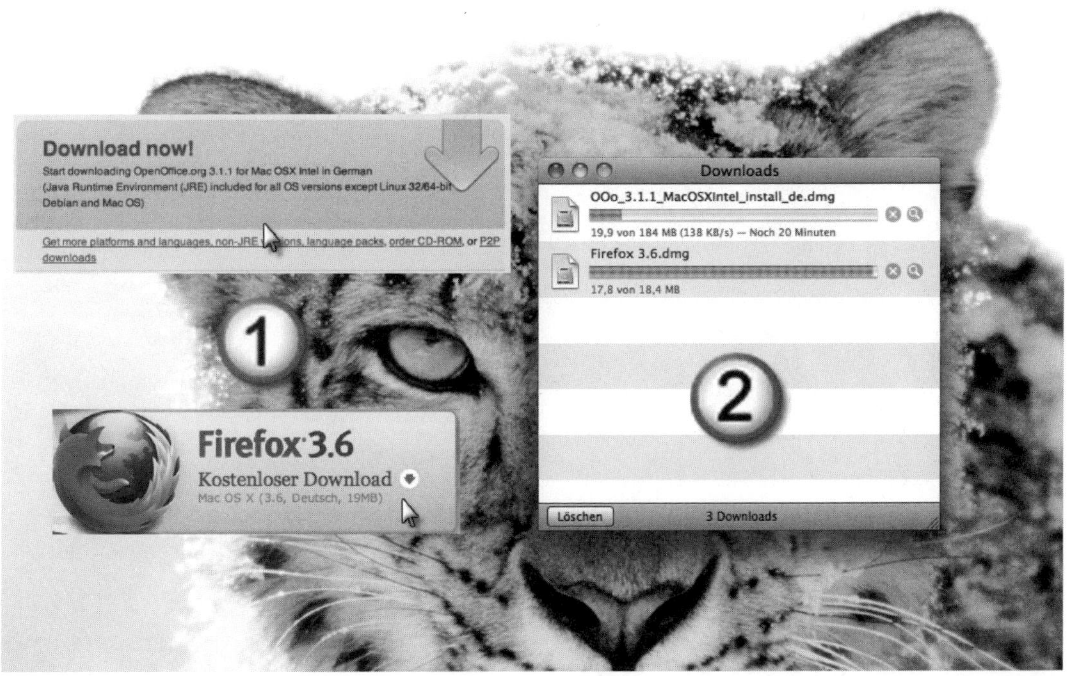

Abb. 8.44 Klicken Sie im Internetangebot auf den Download-Befehl (1), erscheint das Fenster *Downloads* (2).

Ist der Download beendet und die Installationsdatei heruntergeladen, startet das Installationsprogramm automatisch und zeigt Ihnen ein Fenster, in dem Sie nun das Programmsymbol des neuen Programms – also OpenOffice.org oder Firefox – mit dem Mauszeiger auf das Ordnersymbol *Programme* bzw. *Applications* (so lautet die englische Bezeichnung) ziehen und dann die Maus- oder Trackpad-Taste loslassen müssen. Da Ihr Mac grundsätzlich keine Installation ohne ausdrückliche Genehmigung ausführt, ist dies sozusagen das Genehmigungsverfahren.

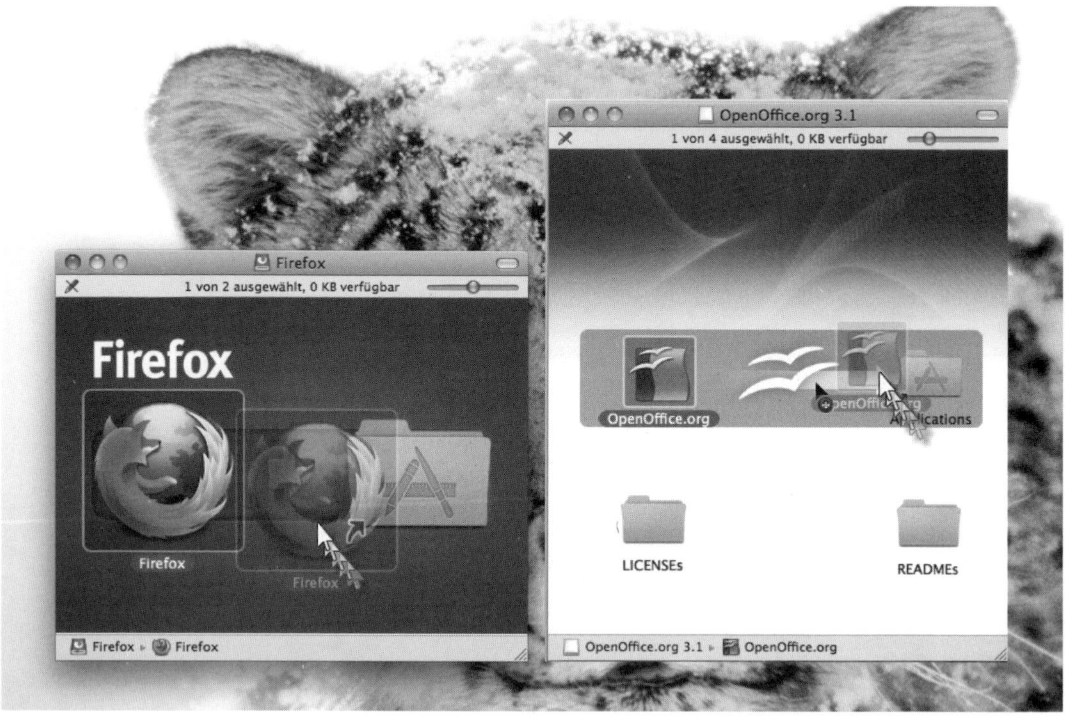

Abb. 8.45 Ziehen Sie das Programmsymbol auf das Ordnersymbol und lassen Sie die Maustaste los.

Das Programm wird in den Programmordner übertragen und die Programminstallation ist abgeschlossen. Was jetzt noch für Sie zu tun bleibt, ist das Aufräumen: Download-Fenster schließen, Installationsfenster schließen und das Schreibtischsymbol des Installationsprogramms, das von Ihrem Mac wie ein Datenträger behandelt wird, „auswerfen". Dazu ziehen Sie das Firefox- oder OpenOffice.org-Symbol entweder auf den Papierkorb, der sich dabei in ein *Auswerfen*-Symbol verwandelt, oder Sie klicken

„sekundär" auf das Symbol und wählen den Aktionsmenüeintrag *Auswerfen*.

Abb. 8.46 Das Schreibtischsymbol des Installationsprogramms müssen Sie *auswerfen*.

8.5 E-Mails mit dem Programm Mail

Ist der Internetzugang eingerichtet, können Sie auch Ihr E-Mail-Konto einrichten – die notwendigen Zugangsdaten haben Sie von Ihrem Internetanbieter bekommen. Das Programm, das Sie dafür verwenden und dann auch für das Empfangen und Versenden Ihrer E-Mails benutzen, heißt beim Mac schlicht und einfach *Mail*.

So richten Sie Ihr E-Mail-Konto ein

Wenn Sie Mail zum ersten Mal über das Docksymbol aufrufen, werden Sie von einem Assistenten begrüßt, mit dessen Hilfe Sie Ihr E-Mail-Konto – oder Ihren „Account" wie es im Computer-

Jargon heißt – einrichten. Geben Sie dort zunächst Ihren Namen, Ihre E-Mail-Adresse und das Kennwort ein, das Ihnen von Ihrem Internetanbieter zugeteilt wurde, und klicken Sie auf *Fortfahren*.

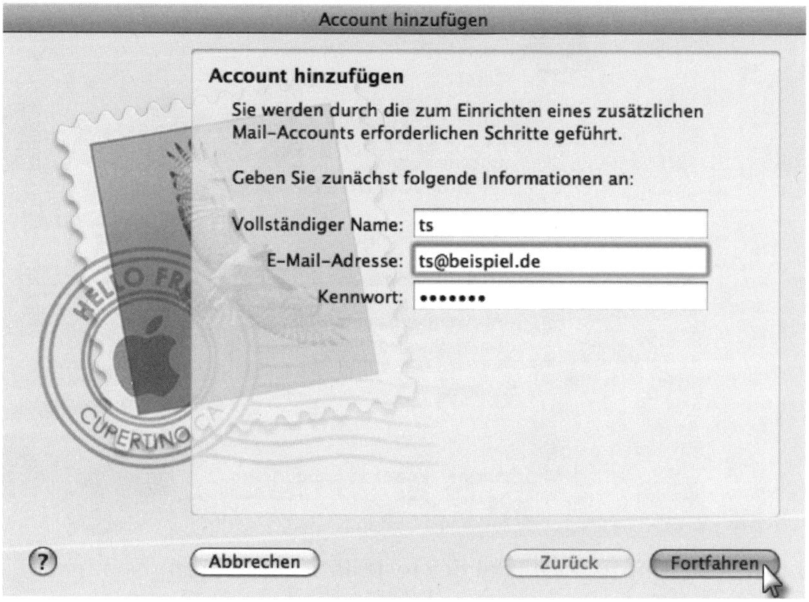

Abb. 8.47 Geben Sie Ihre E-Mail-Daten ein.

Der Assistent versucht nun, Ihr E-Mail-Konto automatisch einzurichten. Hat er Erfolg, ist die Einrichtung damit bereits erledigt. Hat er keinen Erfolg, fragt er gezielt weitere Zugangsangaben nach. Tragen Sie die erforderlichen Angaben ein – Sie finden sie in den Unterlagen Ihres Internetanbieters – und folgen Sie den Anweisungen des Assistenten.

Abb. 8.48 Klappt die automatische Einrichtung nicht, müssen Sie zusätzliche Angaben machen.

Mehrere E-Mail-Konten? Kein Problem!

Falls Sie nicht nur eins, sondern mehrere E-Mail-Konten haben, können Sie mit Mail alle Konten gleichzeitig nutzen und verwalten. Um die zusätzlichen Konten einrichten zu können, rufen Sie den Assistenten direkt über das Menü *Ablage* auf (*Ablage* > *Account hinzufügen*).

Abb. 8.49 Um den Assistenten direkt aufzurufen, öffnen Sie das Menü *Ablage* (1) und klicken auf den Eintrag *Account hinzufügen* (2).

E-Mails empfangen und senden

Ist das E-Mail-Konto eingerichtet, können Sie sofort E-Mails empfangen und senden. Mail fragt das E-Mail-Konto sofort ab und schaut nach, ob bereits E-Mails für Sie eingegangen sind. Ist dies der Fall, ertönt ein akustisches Signal und auf dem Mail-Docksymbol erscheint ein roter Kreis mit einer weißen Zahl, die Ihnen angibt, wie viele Mails Sie bekommen und noch nicht gelesen haben.

Abb. 8.50 Die Zahl auf dem Mail-Symbol gibt die Anzahl der ungelesenen Mails an.

Wenn Sie nun auf das Docksymbol klicken, öffnet sich das Mail-Programmfenster und zeigt Ihnen Ihre E-Mails an.

Alle E-Mails, die Sie noch nicht angeklickt und damit noch nicht angeschaut haben, sind mit einem blauen Kreis gekennzeichnet. Wenn Sie einen E-Mail-Eintrag anklicken, erscheint im unteren Bereich des Mail-Fensters eine Vorschau des Inhalts der E-Mail.

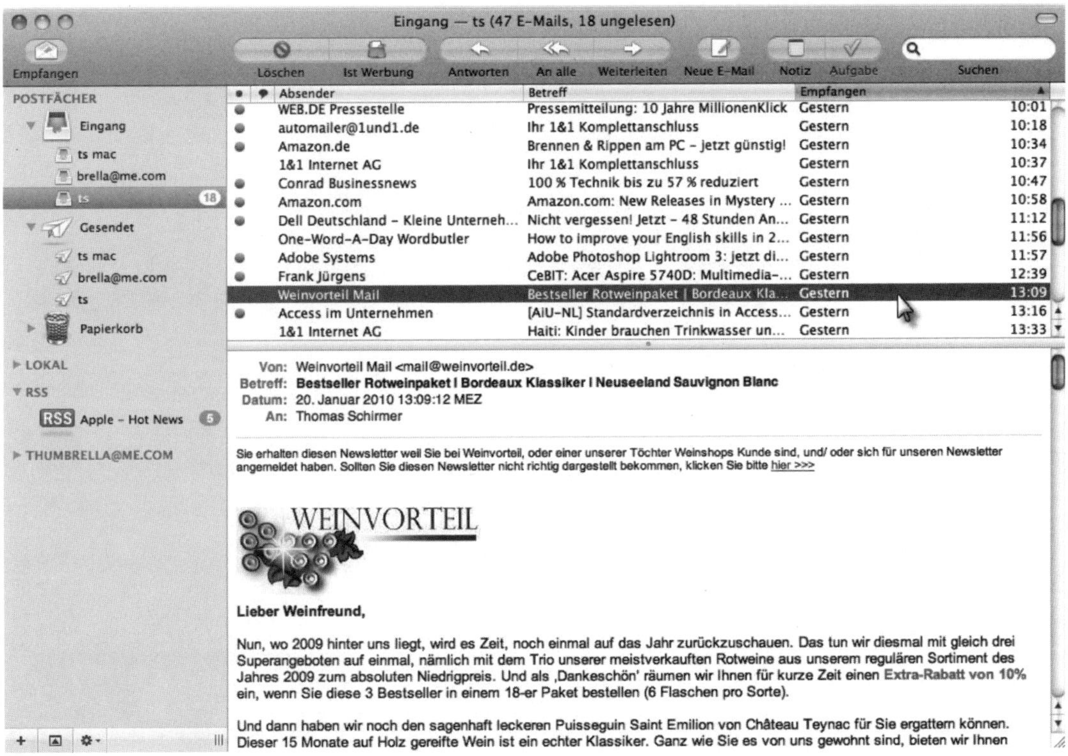

Abb. 8.51 Klicken Sie auf einen E-Mail-Eintrag, erscheint sein Inhalt im unteren Vorschau-Bereich des Mail-Fensters.

Klicken Sie doppelt auf einen E-Mail-Eintrag, wird die E-Mail in einem eigenen Fenster angezeigt, sodass Sie sich mehrere E-Mails auf einmal anzeigen lassen können.

Über die Symboltasten des Mail-Fensters können Sie Ihre E-Mails verwalten, beantworten und weiterleiten.

Wollen Sie selbst eine E-Mail versenden, klicken Sie auf die Symboltaste *Neue E-Mail*. Es erscheint ein Fenster, in dem Sie nun die E-Mail-Adresse des Empfängers, einen Betreff und den Text Ihrer E-Mail eingeben können. Über die Symboltasten des Fensters haben Sie die Möglichkeit, z. B. Fotos einzufügen oder Ihre E-Mail mit einem Anhang zu versehen. Ist die Mail fertig, verschicken Sie sie mit einem Klick auf die Symboltaste *Senden*, die sinnigerweise mit einem Papierflieger gekennzeichnet ist.

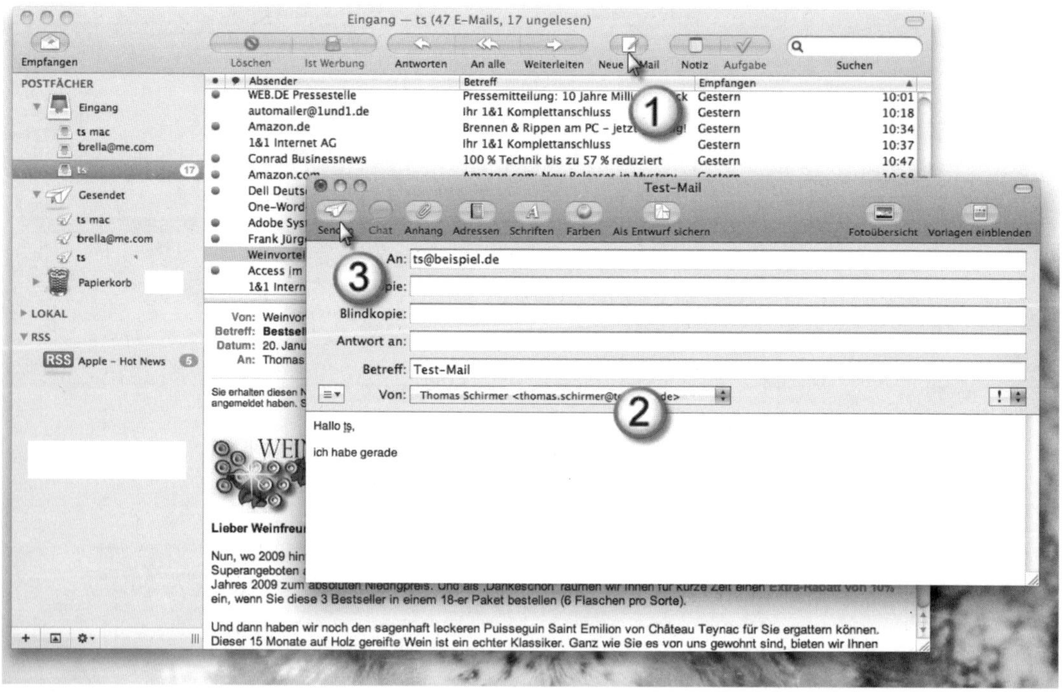

Abb. 8.52 Klicken Sie auf *Neue-Mail* (1), geben Sie Empfängeradresse, Betreff und Inhalt ein (2) und klicken Sie auf die *Senden*-Taste (3).

Ihr Mac bestätigt das Versenden der E-Mail mit einem passenden akustischen Signal.

Mail ist trotz seines recht schlichten Äußeren ein sehr leistungsstarkes E-Mail-Programm, bei dem Sie nun noch viele Details entdecken können – die Mail-Hilfe unterstützt Sie dabei!

8.6 Internetsicherheit

Beim Thema Internet darf natürlich auch die Sicherheit nicht unerwähnt bleiben. Wenn Sie mit einem PC vertraut sind, haben Sie sich vielleicht gewundert, warum bisher nie von Sicherheitsmaßnahmen die Rede war. Der Grund dafür ist ganz einfach: Bei einem Mac sind so gut wie keine zusätzlichen Sicherheitsmaßnahmen erforderlich.

Umsicht statt Virenschutzprogramm

Es gibt keine Viren und andere Schadprogramme, die über das Internet oder verseuchte Datenträger auf den Mac gelangen könnten. Sie müssen den Mac daher auch nicht mit speziellen Programmen gegen Bedrohungen schützen. Dies liegt zum einen daran, dass ein Mac grundsätzlich sicherer als ein PC ist, und zum anderen gibt es im Vergleich zu PCs relativ wenige Macs. Bisher lohnte sich der Aufwand für professionelle Hacker nicht, ernsthaft zu versuchen, die Mac-Sicherheitssysteme zu knacken. Das mag sich ändern – in „Laborversuchen" ist es bereits gelungen, Mac-Viren zu entwickeln –, aber momentan ist Ihr Mac noch eine friedliche Insel im tosenden Meer der Internetbedrohungen.

Abb. 8.53 Gegen die allgegenwärtigen Computerviren ist Ihr Mac (vorerst) immun.

Auch wenn Sie Ihre Bankangelegenheiten über das Internet erledigen, müssen Sie keine zusätzlichen Sicherheitsmaßnahmen ergreifen. Da die sogenannten Phishing-Angriffe, bei denen Zugangsdaten sowie PIN- und TAN-Nummer bei Onlinebanking abgegriffen werden, immer nur in Verbindung mit Schadprogrammen erfolgen können, die zuvor unbemerkt auf den ausführenden Computer gelangt sind, sind Sie mit Ihrem Mac (noch) auf der sicheren Seite.

Was passieren kann, ist, dass Sie bei Ihren Ausflügen ins Internet auf gefälschte Seiten stoßen und in gutem Glauben vertrauliche Informationen und vielleicht sogar Zugangs- und Kontodaten preisgeben. Safari versucht zwar, Sie mit einem Warnhinweis vor derartigen Phishing-Sites zu schützen, kann aber weder jede Phishing-Site erkennen noch Sie daran hindern, Ihre Daten einzugeben. Aus diesem Grund sollten Sie immer sehr umsichtig vorgehen und äußerst misstrauisch sein, wenn irgendwo die Eingabe persönlicher Daten verlangt wird.

Und natürlich schützt auch der beste Mac Sie nicht vor sogenanntem sozialem Hacking, bei dem das Ausspionieren von Zugangsdaten per Telefon oder E-Mail erfolgt. Wenn Sie jemandem aufgrund von angeblichen Wartungsarbeiten die Online-Zugangsdaten für Ihr Bankkonto mitteilen, ist das kein Computerproblem.

Software-Updates installieren

Das Einzige, was Sie tun sollten, um die Leistungsfähigkeit und die Schutzmechanismen immer auf dem neuesten Stand zu halten, ist, unverzüglich die Softwareaktualisierungen zu installieren, die Ihr Mac regelmäßig aus dem Internet bekommt. Mac-typisch ist, dass die Updates nicht ohne Ihre ausdrückliche Zustimmung installiert werden können – und die sollten Sie geben.

Das Verfahren ist ganz einfach. Sobald der Mac eine Softwareaktualisierung empfangen hat, „hüpft" im Dock das Aktualisierungssymbol. Mit einem Klick auf das Symbol öffnen Sie das Aktualisierungsfenster, in dem Sie nun auf *Fortfahren* klicken und den Aktualisierungsvorgang einleiten.

Abb. 8.54 Klicken Sie auf das Symbol der Softwareaktualisierung (1) und starten Sie den Aktualisierungsvorgang (2).

Index

Symbole

A

B

C

D

Digitale Ideen erleben.
Kleine Ursache!

Schirmer / Hein

Mac für Späteinsteiger